Actual Editora
Conjuntura Actual Editora, L.ᵈᵃ

Missão
Editar livros no domínio da Gestão e Economia e tornar-se uma editora de referência nestas áreas. Ser reconhecida pela sua qualidade técnica, **actualidade** e relevância de conteúdos, imagem e *design* inovador.

Visão
Apostar na facilidade e compreensão de conceitos e ideias que contribuam para informar e formar estudantes, professores, gestores e todos os interessados, para que, através do seu contributo, participem na melhoria da sociedade e gestão das empresas em Portugal e nos países de língua oficial portuguesa.

Estímulos
Encontrar novas edições interessantes e actuais para as necessidades e expectativas dos leitores das áreas de Economia e de Gestão. Investir na qualidade das traduções técnicas. Adequar o preço às necessidades do mercado. Oferecer um *design* de excelência e contemporâneo. Apresentar uma leitura fácil através de uma paginação estudada. Facilitar o acesso ao livro, por intermédio de vendas especiais, *website*, *marketing*, etc.
Transformar um livro técnico num produto atractivo. Produzir um livro acessível e que, pelas suas características, seja **actual** e inovador no mercado.

As leis "não escritas" da gestão

Actual Editora
Conjuntura Actual Editora, L.da
Caixa Postal 180
Rua Correia Teles, 28-A
1350-100 Lisboa
Portugal

TEL: (+351) 21 3879067
FAX: (+351) 21 3871491

Website: www.actualeditora.com

Título original: *The Unwritten Laws of Business.*
Copyright © 2001, 2007 The American Society of Mechanical Engineers
Edição original publicada inicialmente numa edição revista pela American Society of
Mechanical Engineers com o título: *The Unwritten Laws of Engineering.*
Publicado pela Currency - Grupo Doubleday.

Edição Actual Editora – Setembro 2007
Todos os direitos para a publicação desta obra em Portugal reservados
por Conjuntura Actual Editora, L.da
Tradução: Catarina Espadinha
Revisão: Sofia Ramos e Marta Pereira da Silva
Design da capa: Brill Design UK
Paginação: Ana Pinto
Gráfica: Guide – Artes Gráficas, L.da
Depósito legal: 264116/07

ISBN: 978-989-8101-12-9

Nenhuma parte deste livro pode ser utilizada ou reproduzida, no todo ou em parte, por qualquer processo mecânico, fotográfico, electrónico ou de gravação, ou qualquer outra forma copiada, para uso público ou privado (além do uso legal como breve citação em artigos e críticas) sem autorização prévia por escrito da Conjuntura Actual Editora.

Este livro não pode ser emprestado, revendido, alugado ou estar disponível em qualquer forma comercial que não seja o seu actual formato sem o consentimento da sua editora.

Vendas especiais:
O presente livro está disponível com descontos especiais para compras de maior volume para grupos empresariais, associações, universidades, escolas de formação e outras entidades interessadas. Edições especiais, incluindo capa personalizada para grupos empresariais, podem ser encomendadas à editora. Para mais informações, contactar Conjuntura Actual Editora, L.da.

As leis "não escritas" da gestão

W.J. King

com revisão e actualização de

James G. Skakoon

www.actualeditora.com
Lisboa — Portugal

ÍNDICE

Prefácio 9

Introdução 11

Parte I
O que o principiante precisa
   de aprender rapidamente 13
   Em relação ao trabalho 14
   Em relação ao seu supervisor 22
   Sobre as relações com colegas
   e com quem é exterior à empresa 28

Parte II
Quanto aos gestores 35
   Comportamento e técnicas individuais 36
   Gestão de projectos 46
   Estruturas organizacionais 51
   O que todos os gestores
   devem aos seus colaboradores 55

Parte III
Considerações profissionais e pessoais 63
   Leis sobre carácter e personalidade 65
   O comportamento no local de trabalho 75
   A carreira e o desenvolvimento pessoal 80

Conclusão 87

Bibliografia 89

PREFÁCIO

Quando fiz a primeira actualização de uma edição anterior deste livro, que foi escrito para engenheiros, quem reviu a minha versão preliminar percebeu que os seus conselhos se aplicam a todos no local de trabalho e não apenas a uma audiência em particular.

Foi publicado pela primeira vez em 1944 como *The Unwritten Laws of Engineering** e está disponível desde então, mas sobretudo para engenheiros e directores de engenharia. Alguns leitores sugeriram que o livro devia ser amplamente reescrito para um público mais alargado. No entanto, em 2001 decidimos actualizá-lo sem alterar o seu âmbito e estilo único.

Apesar de ter revisto partes substanciais deste livro em 2001, tentei que as minhas alterações fossem o menos evidentes possível. A maioria das revisões foi feita em resposta a alterações de valores sociais, leis de trabalho e estruturas empresariais, que tinham evoluído com o tempo. A omissão de referências às tecnologias mais recentes (*e-mail*, computadores, Internet) foi propositada, pois os conselhos do livro transcendem os meros utensílios do local de trabalho. Embora algumas palavras e expressões tenham sido alteradas por serem demasiado arcaicas, muitas das palavras antiquadas mantêm-se – o que aumenta o divertimento.

O que não compreendia até há pouco tempo sobre este livro é que, por ser tão abrangente, é adequado a qualquer um, independentemente do negócio em que esteja envolvido. Não foram precisas revisões profundas para que as regras se aplicassem a um público mais

---

* **N. T.** "As Leis 'não escritas' da Engenharia".

alargado. Para além de substituir "engenheiros" por "empresários", esta edição apenas sofreu pequenas mudanças em relação à anterior.

O que compreendi ao ler este livro pela primeira vez, além de que é divertido lê-lo, foi como sobreviveu tanto tempo ao longo destas décadas. A maioria dos conselhos da versão de 1944 ainda é relevante nos dias de hoje. Espero que esta edição conserve essa intemporalidade e que seja agradável de ler, apesar dos meus esforços, daqui a outras seis décadas.

Gostaria de agradecer a Mary Grace Stefanchik, a gestora de edição de livros da ASME Press, por me ter confiado a actualização deste livro clássico, e a W. J. King, o autor original, por tê-lo escrito.

James G. Skakoon

INTRODUÇÃO

Antes de escrever o primeiro texto deste livro, o autor original admitiu ter ficado ciente de que, em qualquer organização, os principais obstáculos para o sucesso são de natureza pessoal e administrativa. Era evidente que tanto ele como os seus parceiros estavam a arranjar mais problemas por violarem as leis não documentadas de conduta profissional do que por cometerem pecados ou erros directamente relacionados com o seu trabalho. Porque as leis apropriadas não estavam escritas na altura, as "leis" foram formuladas e reunidas num álbum de recortes como uma espécie de código profissional. Embora fossem, e nesta última edição ainda o sejam, inacabadas e incompletas, são aqui apresentadas pelo valor que podem ter para os empresários mais jovens que estão a iniciar a sua carreira, e para os mais velhos, que sabem bem tudo isto, mas que demasiadas vezes não o conseguem aplicar.

Nenhuma destas leis é teoria ou imaginação e, por mais óbvias que possam parecer, a sua repetida violação é responsável por grande parte da frustração e dificuldade a que estão sujeitos os colaboradores e gestores. Na realidade, a primeira edição deste livro era sobretudo um registo resultante da observação directa, durante 17 anos, de quatro departamentos diferentes, três dos quais recentemente organizados e que lutavam para se estabelecer através de um método de ensaio e erro. Essas conclusões foram confirmadas pela experiência de outros, reunida em várias discussões, observações e bibliografia, de modo que, sem dúvida, não reflecte a experiência ou as características singulares de uma única organização.

Muitas destas leis são generalizações para as quais existirão excepções em circunstâncias especiais. Não há qualquer intenção de encorajar uma adesão servil a regras e formalidades, pois não existe um substituto para o bom senso; é necessária uma iniciativa individual forte para ultrapassar formalidades em situações de emergência. Mas, em muitos aspectos, estas leis são como as leis básicas da sociedade: não podem ser violadas muitas vezes com impunidade, apesar de excepções flagrantes em casos específicos.

Parte I

O que o Principiante Precisa de Aprender Rapidamente

Em relação ao trabalho

*Por mais básicas e triviais que as suas
primeiras tarefas possam parecer, dê o seu melhor.*

Muitos jovens empresários acham que tarefas menores estão abaixo da sua dignidade e que não são merecedoras da sua formação universitária. Esperam provar o que valem num projecto grande e importante. Contudo, o espírito e a eficácia com que enfrentam as suas primeiras tarefas mais básicas serão, muito provavelmente, cuidadosamente avaliados e poderão influenciar toda a sua carreira.

Ocasionalmente, pode preocupar-se sobre até onde o seu trabalho o levará – se é suficientemente estratégico ou importante. Estas são reflexões pertinentes e será bom dar-lhes importância. Mas, em geral, é essencialmente verdade que, se cuidar bem do seu actual trabalho, o futuro cuidará de si próprio. Isto é especialmente verdade em grandes empresas, que andam constantemente à procura de profissionais competentes para posições de maior responsabilidade. O sucesso depende tanto da personalidade, da competência inata e do exercício diligente e inteligente de qualquer trabalho, que não é exagerado dizer que as suas derradeiras hipóteses são maiores se fizer um bom trabalho em tarefas mais simples do que se fizer um trabalho medíocre enquanto líder de projecto.

Também é verdade que, se não fizer primeiro boa figura no seu trabalho actual, é provável que não lhe dêem a oportunidade de experimentar uma função que lhe agrade mais.

Demonstre a capacidade de fazer coisas.

Esta é uma qualidade que pode ser conquistada de várias formas em circunstâncias diferentes. Os aspectos específicos serão desenvolvidos em alguns dos parágrafos seguintes. Poderá ser reduzida, porém, a uma combinação de três características básicas:

- iniciativa – a energia para começar coisas e a agressividade para as fazer evoluir rapidamente;

- engenho ou habilidade – a capacidade de encontrar formas de chegar ao resultado desejado; e

- persistência (tenacidade) – a predisposição para continuar apesar de dificuldades, desencorajamento ou indiferença.

Por vezes, esta última qualidade está de tal forma ausente na maneira de ser de quem poderia ser brilhante que a sua eficácia se torna muito reduzida. São conhecidos como "aqueles que são bons a começar mas maus a acabar." Ou dito de outro modo: "Não pode levar estes tipos muito a sério; estarão bastante entusiasmados com uma ideia hoje, mas amanhã tê-la-ão trocado por outro assunto mais interessante." Não se esqueça, portanto, que poderá valer a pena acabar um trabalho, se tiver algum mérito, nem que seja só para o terminar.

Ao pôr em prática um projecto, não espere passivamente que os outros — fornecedores, vendedores, colegas, supervisores — cumpram as promessas de entrega; vá e ande incessantemente atrás deles.

Muitos novatos acreditam que é suficiente fazer um pedido ou dar uma ordem, depois sentar-se e esperar até que os bens ou serviços sejam entregues. A maioria dos trabalhos avança em proporção directa ao acompanhamento e à *diligência* que lhes são aplicados. Ser diligente significa planear, investigar, promover e facilitar cada passo do processo. Cultive o hábito de procurar imediatamente uma forma de contornar cada obstáculo que encontra, um outro recurso ou expediente para o trabalho continuar a desenvolver-se sem perder o ritmo.

Por outro lado, algumas vezes a questão é levada longe de mais por indivíduos excessivamente cuidadosos que se tornam desagradáveis e antagonizam os outros com a sua constante impertinência. Tenha cuidado ao pedir aos outros que façam as coisas. Demasiada insistência e ansiedade podem resultar em danos muito maiores para os interesses pessoais de alguém do que poderia causar o insucesso da realização do trabalho em questão.

Confirme por escrito as suas orientações e as tarefas da outra parte.

Não assuma que o trabalho será feito ou o acordo mantido apenas porque alguém concordou fazê-lo. Muitos têm a memória fraca, outros estão demasiado ocupados e quase todos levam o assunto muito mais a sério se estiver por escrito. Existem excepções, é óbvio, mas por vezes compensa designar uma terceira pessoa como testemunha.

*Quando fizer uma viagem de negócios
prepare-se, concretize o negócio até ao fim
e acompanhe-o quando regressar.*

Qualquer viagem de negócios, quer seja para rever um projecto, resolver uma reclamação, analisar um problema, investigar uma falha, visitar um cliente ou um fornecedor ou estar presente numa feira comercial, merece a sua especial atenção para retirar o máximo proveito do tempo e da despesa feita. Apesar de cada viagem de negócios ser única e de o nível de necessidade de fazer o que se segue ser diferente, pelo menos não se esqueça de:

- *Planear a viagem.* Isto é mais do que apenas reservar transportes e hotel. Pense em todas as eventualidades como bagagens extraviadas, ligações perdidas, chegadas atrasadas, trânsito fora do normal. Aqueles com quem se vai encontrar organizaram os seus horários para se encontrarem consigo, por isso não os decepcione – chegue a horas e esteja pronto para trabalhar. Siga o lema: "Se não conseguir chegar a horas, chegue mais cedo!"

- *Planear e preparar tudo para que o negócio seja concretizado.* Prepare e distribua planos de trabalho antes de chegar. Envie antecipadamente todo o material para ser analisado. Certifique-se de que tudo (por exemplo amostras, protótipos, apresentações) está completo. Pratique antecipadamente todas as apresentações, por mais insignificantes que possam parecer. Resumindo, esteja totalmente preparado e possibilite àqueles que vai visitar que também se preparem.

- *Concluir o negócio no local.* Não irá conseguir realizar sempre viagens de negócios com que se sinta completamente satisfeito; outros poderão conduzi-las a um resultado diferente. No entanto, se o enviaram para concluir uma tarefa específica, por exemplo para analisar um caso de insucesso ou observar um produto em uso, e o tempo atribuído demonstrar ser inadequado por uma razão qualquer, fique até concretizar o negócio. Nem o seu supervisor nem aqueles que foi visitar irão gostar que alguém tenha de acabar o que não conseguiu fazer.

- *Efectuar um* follow-up *adequado.* Muitas vezes, uma viagem aparentemente de sucesso irá resultar em nada se não tiver o *follow-up* adequado. Utilize actas de reuniões, relatórios de viagens e outro tipo de comunicação em sua vantagem.

Desenvolva uma atitude de "Vamos lá ver isso!"

Ao longo da sua carreira, muitos irão abordá-lo com todo o tipo de problemas da vida real resultantes do seu trabalho. Uma resposta admiravelmente eficaz é convidá-los a observar as coisas juntamente consigo – por outras palavras: "Vamos lá ver isso!"

Raramente é adequado permanecer atrás da secretária e especular sobre causas e soluções e ter a esperança de resolver tudo. Antes de ser capaz de resolver um problema, irá precisar de discernimento em abundância, algo que só pode ser desenvolvido observando em primeira mão o que poderia ser simultaneamente demasiado subtil e complexo só de imaginar.*

---

* **N.A.** Bibliografia: Ferguson, p.56.

Evite parecer estar a vacilar.

Uma das acusações pessoais mais graves é afirmar que a opinião de um colaborador em qualquer altura depende apenas da última pessoa com quem ele ou ela falou. Abstenha-se de expressar uma opinião ou de promover uma tarefa até ter tido uma oportunidade aceitável de obter e estudar os factos. Avalie bem e continue se possível, a não ser que dadas as informações recentes seja uma loucura persistir. Como é óbvio, os extremos da teimosia e do dogmatismo devem ser evitados, mas lembre-se que decisões alteradas podem ser usadas contra si.

*Não seja tímido — manifeste-se
— expresse a sua opinião e promova as suas ideias.*

Muitos dos novos colaboradores numa empresa parecem pensar que o seu trabalho é simplesmente fazer o que lhes dizem. É óbvio que existem alturas em que é sensato e prudente ficar calado mas, regra geral, compensa expressar o seu ponto de vista quando puder contribuir com algo mais. Geralmente acredita-se que o indivíduo calado e medroso, que nada diz, nada tem a dizer.

Muitas vezes, se ninguém tem a certeza de como se deve lidar com um assunto, é apenas uma questão de seleccionar um tipo de programa com uma hipótese de sucesso razoável. O primeiro a apresentar uma proposta clara e plausível tem frequentemente uma maior hipótese de ser ouvido, desde que o plano seja claro e plausível. (Geralmente o "melhor" plano não consegue ser antecipadamente identificado como tal.)

Também é verdade que aquele que fala conscientemente e com maior confiança sobre um projecto é muitas vezes escolhido para o pôr em prática. Se não quiser o trabalho, não diga nada e será ignorado; mas também será ignorado quando chegar a hora de atribuir maiores responsabilidades.

> *Batalhe por relatórios orais e escritos que sejam concisos e transparentes.*

Se existe alguém que é um obstáculo irritante ao estímulo da urgência no local de trabalho, é aquele que precisa de um discurso divagador de meia hora para dizer o que poderia ser dito numa frase de 20 palavras. Existe uma curiosa tendência generalizada para rodear a resposta a uma simples pergunta com tantos preliminares e comentários que quase não se consegue identificar a resposta em si.

É tão difícil conseguir uma resposta directa de alguns colaboradores que a sua utilidade é, por conseguinte, grandemente reduzida. A tendência é explicar a resposta antes de responder à pergunta. Sem dúvida que são muito poucas as perguntas que necessitam apenas de uma resposta simples sem reservas, mas o importante é expressar primeiro o fundamental da questão o mais sucintamente possível.

Por outro lado, existem alturas em que é importante acrescentar o contexto pertinente ou outros factos relevantes para esclarecer uma simples afirmação. O truque é transmitir o máximo de informação importante no menor tempo possível, uma qualidade valiosa para todos.

Um excelente guia a este respeito pode ser encontrado na construção literária denominada "pirâmide invertida." Comece pela base – o princípio – com o facto mais importante, o facto que o público tem de conhecer antes de saber mais. Muitas vezes é a própria conclusão. Alargue progressivamente a pirâmide construindo cada frase de modo a que se baseie na frase anterior. Desta forma, irá conseguir explicar claramente conceitos complicados e abstractos a qualquer pessoa. Mesmo que no final a explicação se tenha tornado demasiado complexa para alguns, pode reconfortar-se orgulhosamente ao saber que todos o compreendem, pois começou pelo o seu ponto principal, pela conclusão, ou pela simples resposta. Dificilmente consegue fazer algo melhor do que adoptar este método quando comunica, apresentando os seus factos pela ordem de importância, como os jornalistas o fazem com frequência, uma vez que pode ser interrompido a qualquer momento.

Seja extremamente cuidadoso com a exactidão das suas afirmações.

Isto parece quase banal, mas muitos perdem a confiança dos seus superiores e parceiros quando costumam tentar adivinhar sempre que não sabem a resposta a uma pergunta directa. É importante ser capaz de responder a perguntas que dizem respeito às suas responsabilidades, mas uma resposta errada é pior do que não dar qualquer resposta. Se não souber, assuma-o, mas diga também "Descobrirei de imediato." Se não tiver a certeza, indique o nível de exactidão ou de aproximação no qual baseia a sua resposta. Uma reputação de fiabilidade e confiança pode ser um dos seus activos mais valiosos.

Isto também se aplica a material escrito, a cálculos, etc., assim como a relatórios orais e discussões. Não é um bom negócio apresentar um relatório para aprovação sem primeiro o verificar cuidadosamente e, no entanto, há relatórios formais que são por vezes entregues ou, pior, distribuídos cheios de erros óbvios e omissões.

EM RELAÇÃO AO SEU SUPERVISOR

Todos os gestores devem saber o que se passa no seu "domínio".

Este princípio é tão elementar e fundamental que é incontestável. É óbvio que um gestor não consegue gerir com sucesso um departamento sem saber o que lá se passa. Isto aplica-se igualmente a gestores de projecto com responsabilidades específicas mas sem subordinados directos e a directores de departamento. Ninguém que é sensato negará a racionalidade deste princípio e, porém, ele é frequentemente violado e ignorado. É aqui citado, porque muitas das regras que se seguem dizem respeito a violações específicas desta exigência fundamental.

Uma das primeiras coisas que deve ao seu supervisor é mantê-lo informado sobre todos os desenvolvimentos importantes.

A questão principal presente nesta regra é: O que deve saber o meu supervisor – em que detalhe? Este é sempre um assunto difícil de compreender para o novo colaborador. Muitos novatos hesitam em incomodar os seus superiores com detalhes do quotidiano e é sem dúvida verdade que se pode abusar neste aspecto mas, na maioria dos casos, a dificuldade do gestor é extrair informação suficiente para se manter convenientemente informado.

É muito mais seguro arriscar que o seu supervisor diga "Não me incomode com tantos detalhes," do que "Por que é que ninguém me informa destas coisas?". Não se esqueça que o seu director é constantemente chamado para dar satisfações, defender e explicar as suas actividades a outros, assim como para coordenar estas actividades num plano mais alargado. Obrigue-se a fornecer toda a informação necessária para estes objectivos.

Independentemente de se esforçar muito e de ser muito bom no seu trabalho, irão ocorrer sempre problemas ou insucessos inesperados sobre os quais terá receio de informar o seu supervisor.

O melhor que pode fazer é desenvolver soluções para apresentar com o problema, para que possam ser implementadas com a maior urgência. Nenhum gestor gosta de ser surpreendido por problemas não antecipados (embora você seja obrigado a comunicá-los sem hesitação), mas melhorará imenso a sua situação se também apresentar recomendações consistentes como soluções.

Não ignore a verdade inabalável de que o seu supervisor é o seu "chefe".

Isto parece muito simples, mas muitos nunca o entendem. É certo que está a trabalhar para a sociedade, para a empresa, para o departamento, para a sua equipa de projecto, para o seu líder de projecto, para a sua família e para si – mas está principalmente a trabalhar para e através do seu supervisor, o gestor a quem se reporta directamente.

Irá, sem dúvida, encontrar conflitos – é destacado para uma equipa de projecto com um líder exigente, um executivo da empresa ordena que uma tarefa seja feita, etc. Quando isso acontecer, volte à lei anterior: discuta-o com o seu supervisor. Resolver conflitos faz parte das funções de qualquer gestor, incluindo o seu supervisor.

Regra geral, pode tornar tudo o resto mais fácil quando assume que o seu supervisor é a pessoa certa para esse trabalho. É comum que os jovens, no seu entusiasmo impaciente para fazerem as coisas, ignorem ou tentem passar por cima ou evitar os seus superiores. Por vezes, avançam mais rapidamente dessa forma durante algum tempo, mas mais cedo ou mais tarde descobrem que essas tácticas não podem ser toleradas numa grande organização.

Em geral, não pode passar por cima de quem avalia o seu desempenho, pois ele ou ela classifica-o pela sua capacidade de cooperar, entre outras coisas. Além disso, a maioria retira mais satisfação do seu trabalho quando consegue revelar pelo menos alguma lealdade pessoal para com os seus supervisores, com a sensação de que está a ajudá-los a fazer o trabalho principal.

Seja o mais específico que conseguir na selecção do seu supervisor.

Para a maioria dos principiantes, a influência de colegas de trabalho mais experientes e, acima de tudo, do seu chefe directo é um factor essencial na formação do seu carácter profissional. Muito antes do tempo das universidades e dos manuais escolares, os mestres artesãos adquiriam as suas competências como aprendizes de mestres artesãos. Da mesma forma, tomará uma boa decisão se optar por quem tem mais experiência, especialmente um supervisor bem escolhido, para seu mestre, seu mentor. Se seleccionar bem o seu mentor, ele ou ela também terá provavelmente passado por desafios tão sérios como o seu desafio presente e irá guiá-lo através dele muito mais facilmente do que conseguiria sozinho.

Mas, é claro, nem sempre é possível escolher cuidadosamente um chefe. E se o seu estiver longe do supervisor que desejava? Existem apenas duas alternativas para si: (1) aceitar o seu chefe como o representante de uma autoridade superior e pôr em prática as suas políticas e directivas com a maior eficácia possível, ou (2) mudar-se para outro departamento, divisão ou empresa na primeira oportunidade que aparecer.

Pode haver um grande prejuízo para os interesses de todos os envolvidos, incluindo a sua empresa, se outra alternativa for escolhida. Pense nos danos para a eficiência de uma unidade militar se os soldados rasos, ao não gostarem do líder, ignorarem ou modificarem ordens de modo a que convenham às suas orientações pessoais! É certo que uma organização empresarial não é um exército, mas também não é uma multidão desorganizada.

Tudo o que o seu supervisor quiser ver feito é prioridade de topo.

Pode pensar que tem coisas mais importantes para fazer primeiro mas, a não ser que tenha permissão, geralmente é insensato pôr qualquer outro projecto à frente de uma tarefa específica estabelecida pelo seu supervisor. Regra geral, o seu chefe tem boas razões para querer que um trabalho seja feito agora e este tem tendência para ter muito mais influência na sua avaliação de desempenho do que projectos menos evidentes que podem parecer mais urgentes.

Quando o seu gestor lhe pede para fazer alguma coisa, espera-se que faça exactamente isso.

Quando o seu supervisor o manda realizar uma tarefa específica, tem duas respostas possíveis: (1) faz exactamente o que foi pedido, ou (2) volta atrás e discute o assunto mais um pouco. (Preste especial atenção a esta lei, pois ela aplica-se não só em relação ao seu supervisor, mas também em relação a qualquer pessoa com quem tenha concordado realizar uma tarefa ou seguir um determinado rumo.) É simplesmente inaceitável não o fazer ou, em vez disso, fazer algo diferente. Se ficar preocupado a pensar que não vale a pena realizar a acção planeada como foi originalmente determinado (face a novos dados ou acontecimentos), pode discutir, aliás, é obrigado a discutir novamente toda a questão, expondo as suas intenções e razões para que o seu director possa reconsiderar.

Apesar da responsabilidade de fazer exactamente o que lhe foi pedido ou acordado, por vezes poderá querer demonstrar a sua iniciativa fazendo não só isso, mas também algo mais; talvez a acção lógica seguinte se tenha tornado mais clara, ou talvez tenha surgido uma alternativa promissora. Isto pode, dentro dos limites do bom senso, ser feito como complemento à sua tarefa original e a sua motivação e criatividade serão imediatamente evidentes.

Qualquer violação desta lei coloca em risco a sua imagem como alguém de confiança. No entanto, tal como com muitas destas leis, também será forçado a quebrar esta ocasionalmente. Faça isso apenas quando tiver a certeza de que as circunstâncias assim o exigem (sendo a conveniência uma dessas circunstâncias) e que os outros envolvidos irão concordar com a sua decisão.

*Não esteja demasiado ansioso para concordar
ou adoptar as orientações do seu gestor.*

Este é o outro lado da questão abrangida pelas duas leis anteriores. Uma subserviência ou deferência indevida a todos os desejos do gestor é bastante comum entre os mais jovens. Os colaboradores que adoptam este tipo de filosofia podem:

- Importunar os seus directores incessantemente à procura de instruções pormenorizadas e de confirmações.

- Entregar toda a iniciativa e depender do seu supervisor para pensar sobre todas as coisas relacionadas com um projecto.

- Continuar com um produto ou projecto mesmo depois de novos dados revelarem que o plano original é inviável.

De uma forma geral, um programa formulado pelo departamento, pelo líder de projecto ou pela equipa de desenvolvimento de projectos é uma proposta e não uma ordem. Normalmente, tem o objectivo de funcionar apenas como linha orientadora, que terá sido formulada sem o benefício de novas informações que serão descobertas durante a sua execução. A regra, portanto, é manter os outros, incluindo o seu gestor, informados sobre o que fez, com intervalos regulares, e pedir a aprovação de quaisquer desvios bem avaliados e devidamente planeados que possam revelar-se necessários.

Sobre as relações com colegas e com quem é exterior à empresa

Nunca invada o território de outro departamento sem o conhecimento e consentimento do gestor responsável.

Este é um delito comum, que provoca inúmeros problemas. Existirão excepções em relação a pormenores secundários, mas a regra aplica-se especialmente a:

- *Contratar um subordinado.* Nunca ofereça a alguém um emprego, nem levante a questão, sem primeiro obter a permissão do gestor dele ou dela. Podem existir óptimas razões para que não deva ser incomodado.

- *Empregar o tempo ou comprometer os serviços de alguém de outro departamento ou divisão num projecto ou viagem em particular.* Como se sentiria depois de, numa reunião formal, prometer designar um dos seus colaboradores para um projecto urgente e descobrir que outro colega, sem autoridade directa, confiou a um dos seus subordinados uma tarefa sem que você fosse notificado?

- *Negócios com clientes ou com representantes exteriores à empresa, especialmente promessas ou compromissos, que envolvem outros departamentos.* A este respeito, não se esqueça que o gestor do departamento em nome do qual faria tais promessas pode ter boas razões para que não sejam feitas ou para que não sejam cumpridas. Você simplesmente não tem autoridade para comprometer outros departamentos sem a aprovação prévia do gestor responsável.

- *Concretizar qualquer função atribuída a outro departamento ou colaborador.* As violações desta lei causam frequentemente um ressentimento negativo e um enorme prejuízo. A lei em si é baseada em três princípios subjacentes:

1. A maioria detesta ter alguém a "intrometer-se" no seu território, minando o seu trabalho ao apropriar-se das suas funções.

2. Tal interferência estimula a confusão e os erros. O colaborador responsável pelo trabalho geralmente sabe muito mais sobre o assunto do que você e, mesmo quando pensa que sabe o suficiente, existem grandes hipóteses de ignorar algum factor importante.

3. Quando estiver a desempenhar a função de outro, está provavelmente a negligenciar a sua. É raro os executivos ou colaboradores que, estando tão envolvidos nas suas responsabilidades, possam assumir as dos seus colegas.

Há ainda um comentário importante sobre este último princípio que deve igualmente ser levado em conta: geralmente não lhe irão atribuir qualquer mérito nem agradecimento por fazer o trabalho de outro à custa do seu próprio esforço. Mas muitas vezes acontece que, se conseguir arrumar a sua casa primeiro, a compreensão dos temas e um interesse pelos assuntos dos outros implicará uma promoção para uma posição de maior responsabilidade. Muitos colaboradores foram promovidos principalmente por causa de uma capacidade que revelaram para ajudar a tratar dos negócios de outros, assim como dos seus.

Em todas as transacções, tenha o cuidado de incluir todos aqueles que têm o direito de participar.

É muito fácil, principalmente numa grande empresa, ignorar os interesses de um departamento ou indivíduo que por acaso não está representado ou presente no pensamento, quando um passo importante é dado. Muitas vezes, o resultado é que esse passo tem de ser revisto, senão irão ocorrer prejuízos consideráveis. Mesmo quando não causa qualquer prejuízo aparente, a maioria não gosta de ser excluída quando tem interesses no negócio e a influência no moral pode ser grave. É claro que existirão tempos de crise em que não poderá esperar e fazer cerimónia, e em que terá de avançar a toda a velocidade sem grande atenção às consequências pessoais. Mas não o pode fazer muitas vezes e ficar impune.

Repare que nesta regra e na anterior a ofensa maior consiste na invasão do território de alguém sem o seu conhecimento ou consentimento. Ocasionalmente, pode achar conveniente fazer parte do trabalho de outros de forma a avançar com o seu próprio trabalho, mas primeiro deve dar aos outros a oportunidade de o fazerem ou então chegar a um acordo para que seja você a assumir o comando. Se tiver de quebrar esta lei, pelo menos tenha a consciência de que está a ser desagradável.

Cultive o hábito de procurar a opinião e as recomendações de outros.

Especialmente no início da sua carreira, não pode esperar saber tudo o que é preciso sobre a sua área e o negócio do seu empregador. Portanto, deve pedir ajuda a outros, procurar frequentemente aqueles que estão dentro do assunto.

Este é um conselho particularmente útil em qualquer tipo de confronto. Uma boa primeira questão a colocar é: "O que recomenda?" O seu confrontador normalmente terá pensado mais no assunto do que você e isso irá permitir-lhe prosseguir para uma discussão produtiva e evitar uma "luta".

Deixo um aviso quanto a solicitar as opiniões de outros. Atitudes condescendentes em relação aos outros e às suas respectivas opiniões são desnecessárias e indesejáveis. Se não tiver qualquer intenção de ouvir, considerar devidamente e talvez usar as informações e opiniões de alguém, não pergunte. Os seus colegas não irão demorar muito a reconhecer tal condescendência e poderão desprezá-lo por isso.

Expectativas, horários e estimativas são instrumentos necessários e importantes num negócio bem organizado.

Muitos não conseguem compreender isto ou costumam tentar fugir à responsabilidade de assumir compromissos. Deve estabelecer expectativas com base nas suas estimativas para a parte do trabalho pelo qual é responsável, juntamente com as estimativas de outros departamentos relativamente à parte deles. Não devia ser permitido evitar a questão com a velha fórmula: "Não lhe posso prometer nada porque depende de muitos factores incertos."

Pense nos "factores incertos" com que se defronta um director de departamento que tem de planear o orçamento para um departamento inteiro, com um ano de antecedência! Até o caso mais incerto pode ser controlado se perguntar primeiro: "Será feito numa questão de algumas horas ou de alguns meses, de alguns dias ou de algumas semanas?" Se não puder ser concretizado em menos de três semanas e se, sem dúvida, não demorar mais de cinco, é melhor dizer quatro semanas. Isto permite uma semana para eventualidades e dá-lhe uma margem razoável se conseguir o confortável prazo de cinco semanas. Ambos os extremos são maus; os empresários competentes estabelecem prazos que podem cumprir com um esforço enérgico, a um ritmo proporcional à importância do trabalho.

Como consequência do que foi dito, tem o direito de insistir que lhe sejam fornecidas estimativas por parte de representantes de responsáveis de outros departamentos. Mas, ao aceitar expectativas ou factos, é muitas vezes importante certificar-se de que está a lidar com um representante devidamente habilitado. Lembre-se igualmente de que, quando ignora ou despreza outras expectativas, rejeita a responsabilidade de outros e fica sujeito a uma responsabilidade extra. É claro que isto por vezes é necessário, mas certifique-se de que o faz com cautela. Idealmente, as expectativas de outros deveriam ser instrumentos de confiança para reunir estimativas.

Quando estiver descontente com o serviço de outro departamento, faça a sua reclamação ao indivíduo com maior responsabilidade directa na função em questão.

As reclamações feitas ao supervisor de uma pessoa, sem o conhecimento dela, causam uma grande indignação e devem acontecer apenas quando o contacto directo falha. Em muitos casos, estas reclamações são feitas sem dar ao indivíduo a hipótese de corrigir o erro, ou até antes de ele ou ela se aperceber de alguma insatisfação.

Esta lei aplica-se especialmente àqueles com quem está habituado a lidar directamente ou de perto, ou em casos em que conhece a pessoa a quem a tarefa foi atribuída. É mais formal e em alguns casos possivelmente mais correcto apresentar uma reclamação ao director do departamento e isso, sem dúvida, tenderá a levar à obtenção de resultados imediatos. Mas existem muitos que nunca o perdoarão por se queixar ao seu supervisor sem lhes dar a possibilidade de tratar do assunto.

Quase tão grave como uma reclamação directa a quem está no topo é enviar ao supervisor de alguém uma cópia de um documento que contém uma queixa ou uma crítica implícita. É óbvio que a ocasião pode justificar essas críticas; certifique-se apenas de que sabe o que está a fazer.

Ao lidar com clientes e com elementos exteriores à empresa, lembre-se de que representa a empresa, supostamente com responsabilidade e autoridade totais.

Pode ter saído há poucos meses da universidade, mas a maioria daqueles que são exteriores à empresa olham para si como um representante legal, financeiro e técnico dela em todas as transacções, por isso tenha cuidado com o que se compromete.

Parte II

Quanto aos gestores

Segue-se uma lista parcial de mandamentos básicos, rapidamente aceites por todos os gestores, mas praticados apenas pelos que são realmente competentes.

Comportamento e técnicas individuais

Todos os gestores devem saber o que se passa no seu "domínio".

Esta lei é repetida por questões de ênfase e porque se encontra no topo da lista desta secção. Lembre-se de que isto funciona para ambos os lados, uma vez que diz respeito ao que deve aos seus parceiros e subordinados, mas também ao que deve a si próprio.

É óbvio que isto se aplica principalmente a desenvolvimentos grandes ou importantes e não significa que deve tentar estar ao corrente de todos os pormenores secundários de funções atribuídas a subordinados. Torna-se um defeito quando levado ao extremo de impedir as operações. No entanto, um dado essencial é que, quanto mais informação os gestores têm, mais eficazmente conseguem gerir o seu negócio.

Não tente fazer tudo sozinho.

Esta é outra daquelas afirmações elementares com que todos concordam, mas que muitos irão violar negligentemente. É má política: para si, para o trabalho e para os seus colaboradores. Tem de delegar responsabilidade, mesmo que conseguisse fazer tudo sozinho. Não é sensato ter muita coisa a depender de uma só pessoa e é injusto para a sua equipa.

Os executivos e os gestores devem ter os seus negócios organizados de forma a que possam ausentar-se por motivos de negócios ou de férias a qualquer altura e permitir que tudo prossiga tranquilamente. A desculpa mais comum para monopolizar todo o trabalho é que os colaboradores são demasiado novos ou inexperientes. Faz parte do seu trabalho desenvolver a sua equipa, o que inclui desenvolver a iniciativa, o engenho e o discernimento. A melhor forma de o fazer é passar-lhes todas a responsabilidades que conseguirem aguentar sem o risco de sérios constrangimentos para alguém ou para o grupo. Aqueles que se respeitam ficam ofendidos ao serem tratados como crianças até ao ponto de não poderem tomar uma decisão, mesmo em relação ao pormenor mais trivial, sem a aprovação expressa do seu director.

Por outro lado, é preciso reconhecer que os pormenores nem sempre são triviais e que por vezes pode ser necessária uma reunião de um comité executivo com o objectivo de mudar o comprimento de um parafuso numa linha de montagem estandardizada. É uma questão de se certificar não só de que as tarefas estão a ser conduzidas por colaboradores com competências e experiência adequadas, mas também que tudo foi tido em consideração*.

Ponha o mais importante primeiro**
quando se dedica ao seu trabalho.

Uma vez que normalmente não há tempo para tudo, é essencial criar o hábito de se concentrar primeiro no que é mais importante. São os assuntos pelos quais é directamente responsável e sobre os quais tem de dar explicações; e se não tiver a certeza de quais são, o melhor é descobrir depressa e defini-los claramente na sua cabeça.

---

* **N. A.** Bibliografia: Rabbe.
** **N. T.** No original, *put first things first*.

Dê prioridade a estas responsabilidades quando gerir o seu tempo; depois, delegue o maior número possível de assuntos que não caibam na sua agenda. É uma boa regra nunca se ocupar de um projecto ou tarefa secundária que consegue que alguém ou um departamento faça por si, desde que não seja uma parte essencial do seu trabalho. Por exemplo, se o seu trabalho for construir motores, é um erro perder tempo a projectar medidores especiais de vibrações e de som para os testar, caso consiga que um laboratório ou serviço o faça por si.

A prática de utilizar todos os recursos disponíveis para ajudar pode muitas vezes ser aplicada de forma vantajosa tanto nos seus produtos principais, como em detalhes secundários. Isto é especialmente verdade numa grande organização, onde estão disponíveis os serviços de especialistas, consultores, laboratórios e outros departamentos; eles serão quase sempre capazes de obter uma resposta com maior eficiência do que conseguiria sozinho. Na verdade, irão existir casos em que será prudente limitar-se, pessoalmente ou como gestor de empresas, a realizar apenas as funções nas quais consegue aplicar algum talento, competência ou contributo especial, ou sobre as quais tem alguma vantagem natural. A crença comum de que todos conseguem fazer tudo quando se esforçam é uma receita para a ineficiência, na melhor das hipóteses, e para um fracasso completo, na pior. Poucos são suficientemente versáteis para serem excelentes em mais do que alguns talentos.

Cultive o hábito de reduzir os assuntos*
aos seus termos mais simples.

A capacidade para simplificar os assuntos aparentemente complicados aos seus elementos básicos e essenciais é uma forma de sabedoria que normalmente deve resultar da experiência, mas existem diferenças acentuadas entre indivíduos semelhantes em relação a este tema.

Alguns parecem estar eternamente dispostos a "turvar as águas" ou a "nunca conseguirem ver a floresta por causa das árvores". Talvez não se consiga corrigir esta tendência inata, mas parece ser, em grande medida, um hábito – o hábito de retroceder mentalmente para uma posição favorável e adequada, de forma a analisar uma grande quantidade de factos a partir da perspectiva correcta; ou o hábito de ficar submerso e perdido num mar de detalhes. Crie o hábito de integrar, condensar, resumir e simplificar os seus factos em vez de os expandir, ramificar, complicar e desintegrar.

Muitas reuniões, por exemplo, não chegam a lado nenhum depois de prolongadas discussões, até que alguém finalmente diz "Bem, tudo se resume simplesmente a isto…" ou "Podemos concordar, no entanto, que o ponto essencial nesta questão é simplesmente isto…" ou "Afinal, o facto essencial continua a ser …". Este tipo de disciplina mental, que instintivamente conduz ao cerne da questão, é uma das qualidades mais valiosas de um bom executivo[**].

---

[*] **N. T.** No original, *boiling matters down*.
[**] **N. A.** Bibliografia: Smith.

Não fique nervoso nas situações de emergência — mantenha os pés assentes na terra.

Isto é suficientemente claro, mas algumas organizações caem por vezes num estado de agitação no limiar do pânico por causa de uma pequena crise. Diz respeito especialmente a más notícias em relação a algum problema sério e constrangedor, como uma epidemia de falhas em equipamentos ou produtos.

A maioria das crises não é tão má como parece ao início, por isso tenha o cuidado de não exagerar uma situação difícil. Não ignore os indícios de problemas e não se deixe apanhar "a dormir", mas aprenda a distinguir casos isolados de verdadeiras epidemias.

Sem dúvida, as ameaças – de segurança humana ou ambiental – merecem uma resposta agressiva imediata; uma possível responsabilização assim o exige. No entanto, em qualquer caso o importante é conhecer primeiro os factos, tão rápida e directamente quanto possível. Depois, aja assim que tiver indícios suficientes de fontes responsáveis que lhe permitam tomar uma decisão consistente.

As reuniões não devem ser nem muito grandes nem muito pequenas.

Alguns gestores têm uma aversão tão grande a reuniões com muita gente que chega a ser fobia. É verdade que as reuniões muito concorridas dispersam frequentemente o assunto por vários pontos de vista contraditórios ou irrelevantes, de uma forma muitas vezes superficial. Mas isto deve-se quase sempre à competência de quem dirige a reunião. É necessária alguma competência para dirigir uma reunião alargada, de forma a mantê-la limitada ao tema correcto, evitando divagações longas ou repetições dos argumentos. O moderador, ou o gestor que preside à mesa, deve ter a função de salientar os factos pertinentes relacionados com o assunto, pela sua ordem lógica, e depois conseguir um acordo sobre as várias questões pedindo uma concordância geral em relação às propostas, votando, ou tomando decisões segundo a sua avaliação. Na falta de uma direcção competente, as reuniões podem degenerar em disputas prolongadas. Este perigo parece ser proporcional à dimensão da reunião.

As reuniões pequenas (três ou quatro elementos) conseguem normalmente estabelecer um programa ou eliminar problemas complicados com muito mais eficácia. A sua principal desvantagem reside na séria possibilidade de nem todas as partes interessadas estarem representadas e de poderem resultar graves prejuízos do facto de não conseguirem ter em consideração factos ou pontos de vista importantes. Além de prejuízos reais, pode surgir um forte ressentimento e desencorajamento nas partes negligenciadas.

Sem dúvida que existirão casos em que não é possível nem desejável ter todas as partes interessadas representadas nas discussões, especialmente se os participantes estiverem bem informados. Mas em geral é apropriado, correcto e útil que estejam presentes aqueles cujo território privado está a ser discutido. Um excelente meio para evitar os aspectos negativos de qualquer um dos extremos é manter a reunião pequena, chamando as pessoas-chave quando as suas responsabilidades particulares estão a ser discutidas.

Ainda neste ponto, uma linha de orientação que vale a pena observar é limitar o número de participantes a dois níveis da estrutura organizacional, especialmente para reuniões de trabalho e de tomada de decisões (reuniões informativas são outro tema). Na prática, um terceiro ou quarto nível de participação não tem, de qualquer forma, poder de decisão. Além da excepção de apresentar informações, a sua presença não tem normalmente grande utilidade. Por outro lado, se níveis inferiores puderem tomar decisões em relação às matérias em discussão, a participação de quem assume níveis superiores é ainda mais um desperdício; os participantes de nível mais elevado muitas vezes controlam de forma prejudicial a discussão e as decisões.

Em qualquer reunião, o importante é enfrentar as questões e tratar delas. Muitas vezes existe a tendência para fugir às questões, adiando as acções para uma data posterior ou "deixar que o assunto se resolva naturalmente por si". Os assuntos irão sempre resolver-se "naturalmente" se a função de controlo do poder executivo for negligenciada, mas isso representa um fraco nível de gestão. Considere um insucesso todas as reuniões que não acabem com um acordo definitivo em relação ao que vai ser feito, quando e por quem, e isto deve ser confirmado em mensagens por escrito.

Cultive o hábito de tomar decisões rápidas e exactas.

Esta é a parte mais difícil e importante do trabalho de um gestor. Alguns sentem grandes dificuldades em tomar decisões, mesmo em relação a questões menos importantes, principalmente porque nunca superaram o medo de cometer erros. Normalmente, essa capacidade surge da prática, mas pode ser desenvolvida seguindo alguns princípios simples.

1. As decisões serão mais fáceis e mais frequentemente acertadas se tiver ao seu dispor os factos essenciais. Portanto, irá compensar estar bem informado ou destacar os factores mais importantes antes de tentar tomar uma decisão. Contudo, por vezes diz-se que qualquer um consegue tomar decisões quando todos os factos estão disponíveis, enquanto um bom gestor tomará as mesmas

decisões sem ter necessidade de esperar pelos factos*. Para manter um equilíbrio certo quando estiver com dúvidas, pergunte: "Perco mais se fizer uma avaliação precipitada ou se esperar por mais informação?"

2. A aplicação da sua avaliação pode ser facilitada baseando-a em princípios, políticas e regras. Este capítulo é uma tentativa de criar experiência para esse fim. Crie o seu próprio código, se quiser; mas tenha pelo menos alguma espécie de código, pela mesma razão que o leva a memorizar constantes físicas ou factores de conversão.

3. Não tem obrigação de estar sempre certo. Diz-se que um bom executivo tem de estar certo apenas em 51 por cento das vezes (embora margens melhores sejam proporcionalmente melhores para si).

4. O simples facto de uma decisão ser difícil significa normalmente que as vantagens e desvantagens das várias alternativas estão bem equilibradas, de forma que o prejuízo líquido não pode ser muito elevado em qualquer circunstância. Nestes casos, é muitas vezes mais importante conseguir uma decisão – qualquer decisão – mais depressa do que chegar à melhor decisão no final. Por isso, assuma uma posição definida e cumpra-a.

5. É inútil tentar deixar todos felizes quando toma decisões sobre temas que envolvem vários pontos de vista incompatíveis. Por favor escute todos os lados imparcialmente, mas, depois de todas as partes terem dado a sua opinião e de todos os factos estarem sobre a mesa, resolva o assunto mesmo que tenha de "pisar" alguém. De outro modo, existe a possibilidade de todos ficarem insatisfeitos e mesmo quem fica mais beneficiado não ficará com tão boa ideia de si por ter hesitado em relação à decisão.

---

* **N. A.** Bibliografia: Osborne.

Os critérios que se seguem irão ajudá-lo a escolher um rumo quando todos os factores forem inconclusivos; coloque estas perguntas a si próprio:

- Agiliza e acelera a tarefa ou apenas causa adiamento e atraso?

- É justo, directo e honesto?

- Está de acordo com os costumes, os precedentes ou as políticas estabelecidos? É geralmente necessária uma boa razão para os quebrar.

- Está de acordo com uma decisão específica ou entendimento prévios? Até uma boa razão para fazer uma mudança por vezes não irá anular a lamentável sensação de instabilidade aparente. "Ele não se consegue decidir" é uma reacção comum. (Repare, no entanto, que este critério é sugerido apenas "quando outros factores forem inconclusivos". Por favor tenha a coragem de defender as suas convicções quando a mudança for justificável.)

- Quais são as probabilidades? Podemos aceitar o risco? Como é a possível sanção em comparação com os possíveis lucros em cada uma das alternativas apresentadas? Muitas vezes consegue encontrar uma solução em que a pior consequência possível não é muito má, em relação aos possíveis lucros.

Não deixe que o perigo de cometer um erro iniba a sua iniciativa ao ponto de não investir, logo, não obter dividendos. É muito mais saudável esperar cometer erros, correr alguns riscos de vez em quando e tomar o seu "remédio" quando perde. Acima de tudo, existem poucos erros que não podem de alguma forma ser transformados em lucros, nem que seja pela experiência.

Por outro lado, nunca confunda o verdadeiro significado da afirmação "Não tenha medo de cometer erros". As decisões incorrectas que resultam em consequências catastróficas, como perdas financeiras elevadas ou danos físicos, não serão ignoradas. Tais decisões podem até ser uma conduta criminosa. Aqueles que o forçam a tomar decisões, apesar dos aforismos que possam utilizar para esse fim, não esperam e não irão aceitar um resultado catastrófico. De facto, não tenha medo de cometer erros; tome decisões exactas e rápidas, mas apenas se um erro não criar destroços para a sua organização — ou para si.

Não ignore o valor de uma "preparação" adequada antes de anunciar uma decisão ou política importante.

Quando tiver tempo para isso, é boa diplomacia preparar o terreno para este tipo de anúncios, por intermédio da discussão do tema antecipadamente com várias pessoas-chave ou com partes directamente interessadas. Esta é, na realidade, uma técnica elementar de procedimentos diplomáticos e políticos, mas é muitas vezes ignorada nos negócios.

A comunicação de uma mudança importante ou o iniciar de um novo programa ou política pode provocar embaraço ou rancor se não se consultar quem é directamente afectado ou se houver quem vá provavelmente levantar violentas objecções mais tarde[*].

---

[*] **N. A.** Bibliografia: Schell.

GESTÃO DE PROJECTOS

Adquira competências e técnicas de gestão de projectos, depois aplique-as nas actividades que gere.

Provavelmente a sua organização tem ou, sem dúvida, deveria ter procedimentos operacionais estandardizados. Também irá ter de aplicar na gestão de projectos técnicas habitualmente utilizadas. Algumas destas são, por exemplo, o planeamento de recursos, o agendamento no calendário e o acompanhamento de progressos. Em poucas palavras, para gerir projectos convenientemente tem de planear o seu trabalho, depois trabalhar o seu plano.

A receita que se segue para pôr em prática qualquer projecto parece estar mais ou menos estandardizada[*]:

1. Defina os objectivos do seu projecto.

2. Planifique o trabalho:
    • delineando os passos a cumprir;
    • definindo os recursos necessários, incluindo recursos humanos, dinheiro e instalações;
    • preparando um calendário preciso.

---

[*] **N. A.** Bibliografia: Project Management Institute.

3. Execute o plano.

4. Monitorize o progresso e responda aos desvios.
   - Procure obstruções, paralisações e "elos perdidos"; ataque as situações pendentes com tempo, dinheiro e recursos humanos adicionais.
   - Reveja o seu calendário de acordo com as necessidades.

5. Motive para acabar no tempo programado.

Planeie o seu trabalho de desenvolvimento muito antes da produção, de forma a cumprir o calendário sem uma correria louca à última hora.

Embora esta regra se aplique a qualquer actividade assim como ao planeamento de produção, este parece ser um erro particularmente comum e malévolo. Em muitas organizações, é comum alguém responsável por uma tarefa que faz parte de um projecto maior ser também quem gere todo o projecto. Todos temos a tendência natural para nos preocuparmos com os próprios problemas e áreas de especialidade, e para subvalorizar ou até ignorar os dos outros departamentos ou disciplinas. É necessária uma perspicácia considerável para anular esta tendência natural, pois um planeamento e execução inadequados de "todo" o projecto significam uma má gestão de projecto. Mesmo quando um produto novo não é mais do que uma nova "capa" sobre o antigo, é importante planear o programa cedo e preparar-se para todas as fases de introdução do produto no mercado. O planeamento de inventário, aprovação da entidade reguladora e instruções de utilização são tão importantes para o lançamento de um novo produto como a I&D, a publicidade e o *marketing*.

Tenha cuidado com o encanto de "jogar pelo seguro".

Uma preocupação excessiva com a procura da segurança tem tendência a levar a grandes perigos e insegurança. Num mundo competitivo, tem de correr riscos — arrojados e corajosos — ou então outros os correrão e irão triunfar com frequência suficiente para o fazer continuar a correr, sem fôlego, tentando alcançá-los. Por isso, cabe-lhe a si enquanto gestor criar programas rígidos de desenvolvimento de negócios, estabelecendo assim um objectivo elevado, e depois trabalhar agressivamente para o cumprir.

Com uma orientação competente, qualquer organização irá conseguir encontrar uma saída da situação difícil sob a pressão da emergência. Se não criar as suas próprias emergências antecipadamente, a sua concorrência irá criá-las por si mais tarde, numa altura muito mais difícil.

De forma a minimizar o risco presente em programas agressivos (incluindo desafios técnicos ou de calendário), é boa política proteger-se contra o insucesso e encontrar uma alternativa, ou uma "saída" à qual recorrer, sempre que possível. Pode ir à procura de objectivos mais elevados com impunidade quando tiver limitado convenientemente os seus possíveis prejuízos.

Esteja disposto a "congelar" um projecto quando o desenvolvimento tiver progredido o suficiente.

É claro que nem sempre é fácil dizer o que é "suficiente" mas, em geral, já atingiu o suficiente quando tiver cumprido as especificações e o orçamento, tendo o tempo necessário para completar o resto do programa dentro do prazo. A tentação de muitos gestores é permitir que sejam enganados por um progresso deslumbrante atrás de outro, à procura de uma perfeição enganadora, que os leva muito para além da esperança de cumprirem as suas promessas e compromissos. Não se esqueça que irão sempre existir formas de melhorar ainda mais um projecto no qual está a trabalhar, mas geralmente é melhor terminar a tempo, desde que tenha cumprido os requisitos da sua tarefa.

Analise constantemente os projectos para se certificar de que os verdadeiros benefícios estão de acordo com as despesas de capital, de tempo e de recursos humanos.

Frequentemente os projectos são arrastados devido à primeira lei do movimento de Newton até muito depois de poderem conseguir proporcionar uma rendibilidade satisfatória do investimento. O motivo para uma vigilância nesta matéria é muito óbvio; é aqui citado simplesmente como uma chamada de atenção.

> *Estabeleça como regra exigir e apresentar relatórios*
> *de progresso periódicos e regulares, assim como*
> *relatórios finais de projectos concluídos.*

Por mais entediantes que tais tarefas possam parecer, o seu negócio não estará totalmente organizado e controlado até instituir esta prática relativamente a relatórios para os seus superiores e também por parte dos seus subordinados. Parece não haver outro instrumento tão convincente e eficaz para manter os factos devidamente reunidos e avaliados; tais relatórios são, portanto, igualmente úteis para quem os escreve e para quem os lê.

É também verdade que, de um modo geral, um projecto não está realmente concluído até ser devidamente resumido, registado e arquivado de tal forma que a informação possa ser rapidamente identificada e utilizada por todas as partes interessadas. Pode desperdiçar-se ou duplicar-se um enorme esforço quando este género de informação é simplesmente confiado à memória dos indivíduos.

Estruturas organizacionais

*Certifique-se de que foram atribuídas
a todos posições e responsabilidades exactas
dentro da organização.*

É extremamente prejudicial para o moral e para a eficiência quando os colaboradores não sabem qual é a sua função ou pelo que são responsáveis. Se as tarefas atribuídas não forem exactas, há tendência para existirem intermináveis conflitos, confusão e animosidade.

Não deixe mudanças organizacionais incertas a pairar sobre os colaboradores; coloque-as em prática assim que se tornem suficientemente transparentes. Mudá-las novamente mais tarde é melhor do que deixar todos os envolvidos em situações pouco ou mal definidas.

Todos os colaboradores podem estar interligados uns aos outros na organização, com base nos seus projectos (por exemplo a equipa de desenvolvimento de um novo produto e a equipa de implementação de programas), nas suas áreas funcionais (por exemplo engenharia, fabrico, *marketing*) ou em ambos. Se for com base em ambos, também chamada organização matricial, cada colaborador tem (pelo menos) dois gestores: um para um projecto e outro para uma área. O supervisor de área geralmente tem um poder administrativo – avaliações de desempenho, promoções, remunerações – sobre o colaborador.

Este tipo de organização proporciona a grande vantagem de ter dois supervisores a quem pedir ajuda; mas tem a possível desvantagem da competição para assegurar fidelidade. As organizações bem geridas não irão sofrer; os conflitos serão facilmente resolvidos por se ter em consideração objectivos maiores, ou pelo nível seguinte de gestão.

Certifique-se de que todos têm a autoridade de que necessitam para realizar o seu trabalho e cumprir as suas responsabilidades.

Isto é geralmente expresso no ditado que diz que a autoridade deve ser proporcional à responsabilidade. Idealmente, cada indivíduo devia ter autoridade e controlo totais sobre todos os factores (orçamentos, despesas e recursos humanos) essenciais ao desempenho do seu trabalho específico. Na prática, contudo, isso raramente é concretizável; todos temos de depender das contribuições voluntárias de outros em vários momentos do processo.

No entanto, o nível de dependência deve ser mantido num mínimo exequível, pois é extremamente difícil para os colaboradores fazer alguma coisa se tiverem de solicitar constantemente a cooperação voluntária ou a aprovação de muitas outras partes.

Atribuir ou adquirir a autoridade necessária é difícil e delicado. Existe uma linha ténue entre ter autoridade e ser autoritário, mas existe uma linha clara entre a eficácia e a impotência que daí resulta. O importante é ter atenção suficiente para evitar entrar em conflito com os interesses e a autoridade dos outros.

Na realidade, os colaboradores serão frequentemente responsabilizados por muito mais do que o que conseguem controlar através da autoridade directamente delegada. No entanto, um nível considerável de autoridade pode ser assumido com total impunidade se for feito de forma discreta e com resultados eficazes.

Em geral, obedecemos a quem parece estar no comando de alguma situação, desde que pareça saber o que está a fazer e que obtenha os resultados desejados. A maioria dos gestores, incluindo você, devia ficar contente por confirmar tal autoridade nos seus subordinados se vir que está a ser exercida de uma forma eficaz. Portanto, deve encorajar-se a si próprio e aos seus colaboradores a assumir, embora delicadamente, a autoridade que for necessária para fazer o trabalho.

Certifique-se de que todas as actividades e todos os colaboradores são supervisionados por alguém competente no assunto em questão.

Em níveis elevados da cadeia de comando, supervisores e subordinados terão muitas vezes formação e experiência diferentes. Mas os novatos, pelo menos idealmente, devem ser supervisionados por veteranos experientes na mesma área. É que os novatos podem colocar os seus departamentos, empregadores, supervisores e a si próprios em situações embaraçosamente difíceis se os deixarem sozinhos.

Como gestor, deve oferecer aos seus subordinados competência total e incutir neles o mesmo quando os supervisiona nas suas actividades técnicas. Se não estiver confortável com esta responsabilidade, é melhor fazer alguma coisa em relação a isso e com toda a rapidez. Um método especialmente bom, para além de aprender directamente o que precisa de saber, é complementar-se com quem tem experiência sob a sua supervisão, quem consegue avaliar correctamente o que você não consegue, compensando desse modo quaisquer falhas na sua experiência. Outro método é atribuir responsabilidades técnicas e de planeamento a todos na organização, e depois deixá-los agir como consultores entre eles. As organizações matriciais conseguem distinguir-se ao garantirem tais interacções.

Como consideração final, reconheça as limitações em relação ao número de subordinados que consegue gerir adequadamente. A indicação convencional, de acordo com a tradicional teoria organizacional, é não ter mais do que seis ou sete elementos a reportar a um supervisor. Seguir uma norma rígida a este respeito é excessivo, tendo em conta que as organizações e as pessoas são únicas, mas nunca prive um colaborador de uma supervisão adequada por causa de uma estrutura hierárquica desequilibrada.

O QUE TODOS OS GESTORES DEVEM AOS SEUS COLABORADORES

Nunca deturpe o desempenho de um colaborador durante as avaliações de desempenho.

A maior responsabilidade dos gestores é analisar o desempenho dos seus subordinados. Como gestor, tem a obrigação de fazer isso com muito cuidado. A deturpação não só seria injusta para os seus colaboradores, como também não seria minimamente útil para todos os envolvidos.

Nesta mesma linha, tem a responsabilidade inalienável de conversar com os seus colaboradores se – e assim que – ficar francamente insatisfeito com o trabalho deles, ou se identificar falhas que estão a trabalhar contra eles. É certo que nem sempre é fácil e exigirá muito tacto para evitar desencorajá-los ou ofendê-los, mas deve-lhes isso.

Lembre-se: se em última análise tiver de demitir um subordinado, poderá ter duas perguntas difíceis para responder: "Por que é que demorou cinco anos a descobrir a minha incompetência?" e "Por que é que não me deu uma hipótese de corrigir estas falhas?" Lembre-se que, quando demite alguém por incompetência, isso não significa apenas que o colaborador falhou, mas que você também falhou.

*Torne inquestionavelmente claro o que
é esperado dos colaboradores.*

O factor número um na lista da comunicação necessária entre supervisor e subordinado é o entendimento explícito das expectativas do trabalho. Demasiadas vezes, os gestores evitam conversas directas e confiam em instruções implícitas, objectivos generalizados, ou políticas empresariais. Não é suficiente esperar simplesmente um certo comportamento ou desempenho dos seus subordinados; muitas vezes ficará decepcionado. Os gestores de sucesso estabelecem objectivos e expectativas de forma clara com os seus subordinados, depois acompanham com monitorização e apoio.

*Promova os interesses pessoais e profissionais dos seus
colaboradores em todas as ocasiões.*

Isto não é só uma obrigação – é a oportunidade e o privilégio de todos os gestores.

Os interesses dos colaboradores coincidem, pelo menos teoricamente, com os interesses da empresa, o que significa que não existe, ou que não devia existir, qualquer conflito básico. A questão sobre o que deve vir em primeiro lugar, portanto, raramente se coloca na prática, embora seja claro que, em geral, os interesses da empresa, tal como os do Estado ou da sociedade, devem ter precedência. É uma das funções da gestão reconciliar e unir os dois conjuntos de interesses para vantagem mútua, uma vez que são interdependentes.

Claramente, é vantajoso para a empresa preservar o moral e a lealdade dos seus colaboradores. Estes factores são extremamente importantes em qualquer organização. Têm por base a confiança e atingem um desenvolvimento saudável quando os colaboradores sentem que recebem sempre uma proposta justa e, ocasionalmente, um pouco de consideração extra.

Não se agarre de uma forma demasiado egoísta aos colaboradores quando lhes é oferecida uma oportunidade melhor noutro lado.

Não é boa ideia meter-se no caminho da promoção de um colaborador simplesmente porque essa perda será inconveniente para si. Justifica-se que proteja os seus colaboradores de ofertas externas apenas se estiver sinceramente convencido de que têm uma oportunidade igual ou melhor onde estão. Aceite que, de qualquer forma, provavelmente é incapaz de avaliar isso por si próprio, portanto pense em pedir a opinião do colaborador em questão; é a carreira dele ou dela, não a sua. De qualquer forma, não deve ser apanhado numa situação em que a perda de um indivíduo o irá constranger em excesso. Seleccione e forme substitutos para todos os colaboradores-chave, incluindo para o seu cargo.

Não atrapalhe nem contradiga os seus subordinados se o puder evitar.

É natural que, de vez em quando, um gestor queira exercer directamente a sua autoridade para resolver um assunto com rapidez sem ter em conta o colaborador que está responsável pela tarefa. É certo que é um privilégio seu, mas pode ser desmoralizador para o subordinado em questão e deve recorrer-se a isso apenas em verdadeiras emergências. Assim que atribui tarefas aos seus colaboradores, deixe-os realizar essas tarefas, mesmo a custo de alguma inconveniência para si. Por último, pode causar danos irreparáveis ao exercer autoridade se não tiver conhecimento suficiente sobre os pormenores do assunto.

É seu dever para com a sua equipa mantê-la devidamente informada.

Na lista das situações injustas, a seguir à responsabilidade sem autoridade aparece a responsabilidade sem informação. É injusto pedir aos outros que se comportem honrosamente quando são responsabilizados por um projecto, sem que tenham conhecimento suficiente sobre o seu passado, situação actual ou planos futuros.

Uma prática de excelência é convocar reuniões ocasionais para familiarizar os colaboradores com as políticas e os desenvolvimentos mais importantes nos negócios do departamento e da empresa.

Uma parte importante da tarefa de desenvolver uma equipa é fornecer-lhe um alargado conhecimento de base no seu domínio particular e normalmente isso envolve muitas viagens. Existem situações em que vale a pena enviar colaboradores jovens em viagens para que assimilem experiência, independentemente do pouco que eles possam contribuir. De igual modo, inclua indivíduos interessados nas apresentações, almoços, etc., quando recebe convidados. Obviamente pode exagerar-se mas, quando o visitam, é boa política, assim como de boas maneiras, convidar toda a equipa interna que esteve envolvida no projecto em causa.

*Não critique um subordinado à frente de outros,
especialmente à frente dos subordinados dele ou dela.*

Isto irá prejudicar tanto o prestígio como o moral. Da mesma forma, tenha muito cuidado para não criticar alguém quando na verdade a culpa é sua.

Muitas vezes a verdadeira culpa pode ter origem em si, por, por exemplo, não ter aconselhado, avisado ou ensinado o colaborador convenientemente. Seja justo neste ponto.

Mostre interesse pelo que a sua equipa está a fazer.

É desmotivante para os colaboradores quando o chefe não manifesta qualquer interesse pelo seu trabalho, ao não fazer perguntas, comentar ou de outra forma dar atenção ao seu trabalho. Pode ser pouco, mas terá um grande efeito – faça esse esforço.

*Nunca perca a oportunidade de elogiar ou recompensar
os subordinados por um bom trabalho.*

Lembre-se que a sua função não é apenas criticar os seus colaboradores e intimidá-los para fazerem o trabalho. Um gestor de primeira ordem é um líder, além de crítico. A melhor parte do seu trabalho é, portanto, ajudá-los, aconselhá-los, encorajá-los e estimulá-los. Nesta mesma linha, nunca perca a oportunidade de aumentar o prestígio da sua equipa "aos olhos dos outros".

Por outro lado, não se sugere uma complacência eterna. Por favor seja firme quando a ocasião o justificar. Uma crítica dura ocasional, quando for bem merecida, irá normalmente ajudar a manter os colaboradores atentos. Mas se receberem apenas isso, terão tendência para andar mal-humorados no trabalho.

Aceite sempre responsabilidade total pelo seu grupo e por quem o compõe.

Nunca fuja à responsabilidade, nem culpe algum dos seus colaboradores, mesmo quando eles o podem ter desiludido bastante. Espera-se que tenha controlo total e é-lhe atribuído o sucesso mas também o insucesso do seu grupo.

Faça tudo o que puder para garantir que os seus subordinados recebem o salário a que têm direito.

Inegavelmente, trabalhamos em grande medida porque somos pagos para isso. Os aumentos de salário, independentemente de como são evidenciados, são a recompensa ou a compensação mais adequada por um óptimo trabalho, por uma maior responsabilidade ou por um valor acrescentado para a empresa. (Qualquer recomendação ou um aumento de remuneração deve ser justificado com base num destes três factores.)

Faça tudo o que puder para proteger os interesses pessoais da sua equipa e das suas famílias.

Não precisa de restringir o interesse pela sua equipa às fronteiras do negócio da empresa. A maioria apreciará o seu interesse honesto e não intrometido pela sua vida fora do local de trabalho e, se tiverem problemas pessoais, também o seu apoio. Certifique-se, acima de tudo, de que respeita a família e as vontades e obrigações religiosas dos seus colaboradores.

Faça alguns pequenos ajustes extra quando se justificar. Por exemplo, se enviar um colaborador numa viagem de negócios à terra natal dele, permita alguma flexibilidade de horário para que possa passar lá algum tempo livre se, de resto, isso não constituir qualquer problema. Atenções deste género fazem a diferença em termos do moral e da satisfação que um gestor retira do seu trabalho. Trate os seus colaboradores como seres humanos que compõem uma equipa, em vez de peças de uma máquina.

Sem dúvida que os gestores têm o direito de incomodar os seus subordinados, mas devem também aceitar a responsabilidade de, sempre que possível, evitar fazê-lo. Os gestores que insistem, a cada oportunidade, em exibir de modo flagrante o seu poder em relação aos subordinados e atrapalham a sua vida pessoal, podem esperar em troca rancor e ressentimento.

Parte III

Considerações Profissionais e Pessoais

Vários estudos empíricos sobre a excelência no trabalho têm clara e repetidamente estabelecido que as competências emocionais – comunicação, competências interpessoais, autocontrolo, etc. – "têm um papel muito maior num desempenho superior no trabalho do que as capacidades cognitivas e a competência técnica"*. Grande parte da ênfase na educação e formação dos empresários é colocada na educação puramente técnica.

Apesar de algumas brilhantes excepções, a inteligência, a formação académica, o conhecimento técnico e a experiência do dia-a-dia por si só não são determinantes importantes do sucesso ou insucesso no local de trabalho. Na maioria dos casos, todos são competentes nestas áreas. Competências e características pessoais como a comunicação, a confiança, a eficácia de grupo e interpessoal, a motivação, o orgulho nas conquistas, a capacidade de adaptação, o potencial de liderança, a curiosidade, a integridade e o controlo emocional são o que separa os colaboradores competentes dos excelentes.

---

* **N. A.** Bibliografia: Goleman, p. 320.

Devia ser suficientemente óbvio que um especialista com uma boa formação, com um bom carácter e personalidade é um colaborador melhor, e muito mais valioso, do que um com a mesma formação técnica mas sem as competências sociais básicas. Isto é, em grande medida, uma consequência da observação básica de que, numa organização normal, não é possível ter grande sucesso na tentativa de realizar algo de mérito sem a cooperação voluntária dos nossos parceiros; e o nível e a qualidade dessa cooperação são determinados pelo "factor personalidade", como quase todas as outras situações. A par desta necessidade de cooperação individual estão todo o tipo de características *soft*, desde compreender a sociedade contemporânea a seguir um comportamento ético — que podem resultar em benefícios para si e para o seu empregador, que vão muito para além das normais competências *hard*.

As "leis" que se seguem estão formuladas de um ponto de vista puramente prático. Tal como nas duas partes anteriores, a selecção foi limitada às regras que são violadas com frequência, com resultados lastimáveis, por mais óbvias ou banais que possam parecer.

LEIS SOBRE CARÁCTER E PERSONALIDADE

*Uma das características pessoais mais valiosas
é a capacidade de se dar bem com todo o tipo de pessoas.*

Esta é uma qualidade abrangente, mas determina a principal exigência em termos de personalidade em qualquer tipo de organização. Sem dúvida que esta capacidade pode ser conquistada recorrendo a várias fórmulas, embora seja provável que se baseie principalmente na amabilidade geral e cordial, assim como numa aceitação razoavelmente constante da "Regra de Ouro." As seguintes acções a desenvolver e a não desenvolver são elementos mais específicos dessa fórmula.

1. *Cultive a tendência para apreciar as qualidades, em vez dos defeitos, de cada indivíduo.*

2. *Não transmita impaciência e irritação à mínima provocação.* Há um tipo de personalidade ofensiva que parece desenvolver uma capacidade impressionante para ficar irritada, estado ao qual cede com pouco ou nenhum controlo.

3. *Não guarde rancor após desacordos que envolvem honestas diferenças de opinião.* Mantenha os seus argumentos objectivos e deixe as personalidades de fora tanto quanto possível. Não deve querer arranjar inimigos, pois, como E. B. White afirmou: "Uma das coisas que mais tempo consome é ter um inimigo."

4. *Crie o hábito de pensar nos sentimentos e nos interesses dos outros.*

5. *Não fique excessivamente preocupado com os seus interesses egoístas.* É natural cuidar dos seus interesses pessoais em primeiro lugar, mas, quando o faz, os seus parceiros irão ficar visivelmente relutantes em cuidar de si, porque sabem que você já o faz. Isto aplica-se especialmente à questão do reconhecimento pelos feitos alcançados. É muito mais sensato dar a sua atenção principal ao propósito de fazer o trabalho, ou incentivar os seus parceiros, do que gastar demasiado tempo a pôr os seus interesses pessoais à frente de tudo o resto. Não tem de ter medo de ser ignorado; a única maneira de perder reconhecimento por um trabalho que o mereça é tentar agarrá-lo com muita ânsia.

6. *Estabeleça como regra ajudar os outros sempre que a oportunidade surgir.* Mesmo que seja suficientemente malévolo para não tirar qualquer satisfação pessoal de ajudar os outros, é um bom investimento. O mundo dos negócios exige e espera cooperação e trabalho de equipa entre os elementos de uma organização. É mais inteligente e agradável fazê-lo voluntariamente e de bom grado (até ao ponto de negligenciar as suas próprias responsabilidades).

7. *Tenha um especial cuidado em ser justo em todas as ocasiões.* Isto significa muito mais do que apenas ser justo quando solicitado. Todos somos frequentemente injustos, sem intenção, simplesmente porque não costumamos ver as coisas de outros pontos de vista e de forma a nos certificarmos de que os interesses dos outros estão a ser razoavelmente protegidos. Por exemplo, alguém que não consiga realizar uma tarefa é por vezes injustamente criticado, quando a verdadeira culpa é do gestor que não lhe forneceu as ferramentas necessárias para realizar o trabalho. Sempre que tiver alguma vantagem natural, ou sempre que estiver numa posição que lhe permita maltratar alguém com alguma gravidade, tem de fazer um esforço sério para ser justo.

8. *Não se leve a si nem ao seu trabalho demasiado a sério.* Um sentido de humor normal e saudável, razoavelmente controlado, é muito mais apropriado, mesmo para um executivo, do que uma expressão sempre mal-humorada, um ar constante de seriedade entediante ou uma rectidão exagerada.

    É muito melhor para a sua tensão arterial, e para o moral no escritório, rir de uma situação incómoda agora e depois manter um ambiente tenso e trágico de desastre completo quando as coisas se tornam constrangedoras. Sem dúvida que um assunto sério deve ser levado a sério e, regra geral, os colaboradores devem manter uma dignidade silenciosa; mas faz mais mal do que bem preservar um ambiente opressivamente pesado e lúgubre à sua volta.

9. *Faça um pequeno esforço para ser genuinamente cordial ao cumprimentar os outros.* A verdadeira cordialidade é, obviamente, espontânea e nunca deve ser fingida, mas também não deve ser inibida. Todos conhecemos quem invariavelmente passa por nós nos corredores ou nos encontra noutro local sem nos dar o mínimo de atenção. Quer isto se deva a timidez ou a preocupação, não podemos deixar de pensar que não sentiríamos muito a falta de tais "palermas insociáveis" caso não os víssemos. Por outro lado, é difícil pensar em alguém que seja demasiado cordial, apesar de ser possível exagerar-se, como em qualquer outra coisa.

10. *Dê aos outros o benefício da dúvida se estiver inclinado a suspeitar dos seus motivos, especialmente quando puder dar-se ao luxo de o fazer.* A desconfiança e a suspeita mútua geram uma quantidade de conflitos e problemas totalmente desnecessários, frequentemente de natureza muito grave. Isso resulta principalmente de mal-entendidos, pura ignorância ou de uma tendência mesquinha para supor que se é culpado até prova em contrário.

Sem dúvida que esta última suposição é a aposta "mais segura", mas também é verdade que, se tratar os outros como patifes corruptos, geralmente irão tratá-lo do mesmo modo e é provável que tentem comportar-se dessa forma, pois é o que espera deles. Por outro lado terá uma melhor cooperação do seus parceiros se presumir que eles são tão inteligentes, sensatos e honrados como você, mesmo quando sabe que não são (embora definir as probabilidades disso seja realmente complicado!). Não tenha medo de ser visto como inocente ou crédulo; terá mais a ganhar do que a perder com esta prática, sem mais nada além de uma atenção ocasional às probabilidades verdadeiras em cada caso.

Não seja demasiado afável.

É um erro, obviamente, tentar demasiado ter um bom relacionamento com todos simplesmente sendo agradável ou até submisso em todas as ocasiões.

Alguém irá aproveitar-se de si mais cedo ou mais tarde e não consegue evitar os problemas simplesmente fugindo deles. Não mude de opinião muito depressa apenas para evitar um confronto, quando sabe que tem razão. Se puder ser intimidado facilmente, é provável que vá ser intimidado.

De facto, pode ganhar o respeito dos seus parceiros demonstrando a sua prontidão para participar num confronto (embora não pessoal) quando valer a pena lutar pelos seus objectivos.

Shakespeare colocou-o de forma sucinta no conselho que Polónio deu ao filho (em *Hamlet*): "Cuidado ao entrares numa luta, mas, estando nela, porta-te de forma a que os oponentes tenham cuidado contigo."

Quer goste quer não, desde que esteja num negócio competitivo está numa luta; por vezes é uma luta entre departamentos da mesma empresa. Desde que seja um combate limpo, sem golpes baixos, é perfeitamente saudável. Mas limite-se a uma "concorrência amigável" durante o maior tempo possível.

No que diz respeito a discussões com os seus colegas, é sempre boa política resolverem as suas diferenças "fora do tribunal," em vez de as levarem a instâncias superiores para um julgamento.

Da mesma forma, relativamente a relações com subordinados não é prudente levar a amizade ao ponto de prejudicar a disciplina. Todos os seus colaboradores devem saber que, quando merecem uma repreensão, irão recebê-la, sempre. A disciplina mais rígida não é levada a mal desde que seja moderada, imparcial e justa, especialmente quando é equilibrada com os elogios, o reconhecimento e a compensação adequados. Em situações extremas, poderá acontecer que demitir ou transferir um colaborador seja o melhor procedimento, tanto para quem está envolvido como para a empresa. Se não enfrentar os seus problemas directamente, será colocado alguém no seu lugar que o fará.

Veja a sua integridade pessoal como um dos seus activos mais importantes.

A longo prazo, dificilmente existe algo mais importante do que a sua dignidade e isto, por si só, devia ser um incentivo suficiente para manter os padrões mais elevados de honestidade e sinceridade de que é capaz. Mas, além de todas as considerações sobre ética e moral, existem razões profissionais perfeitamente legítimas para defender conscientemente a integridade do seu carácter.

A integridade à qual nos referimos é facilmente descrita: se for honesto, íntegro, de confiança, responsável e sincero, tem uma integridade pessoal elevada. A recompensa inestimável e inevitável para uma integridade intransigente é a confiança: a confiança dos parceiros, dos subordinados e de quem é exterior à empresa.

Todas as transacções são grandemente simplificadas e facilitadas quando é uma pessoa de palavra e os seus motivos estão acima de qualquer suspeita. A confiança é um trunfo profissional de tal modo inestimável que até um nível moderado de confiança prevalecerá facilmente face a qualquer vantagem temporária que possa ser ganha ao comprometê-la.

Um fenómeno impressionante em qualquer escritório, uma vez observado, é a transparência de carácter entre elementos que têm estado associados durante um qualquer espaço de tempo. Num período surpreendentemente curto, as pessoas são identificadas, avaliadas e catalogadas exactamente pelo que são, com muito maior precisão do que normalmente pensam. Isto faz qualquer colaborador parecer absolutamente ridículo quando assume uma postura ou quando nos tenta convencer de que é diferente do que na realidade é. Tal com Ralph Waldo Emerson disse: "O que você *é*... ecoa tão alto que eu não consigo ouvir o que diz em contrário." Portanto, é sua obrigação deixar a sua conduta pessoal, aberta e secretamente, representar o melhor padrão prático de integridade pessoal e profissional, segundo o qual gostaria que o mundo o julgasse e avaliasse.

Além disso, é moralmente saudável e cria um ambiente melhor se acreditar que os outros têm padrões de integridade semelhantes. O medo obcecante e opressor de ser enganado é uma característica comum de personalidades de um padrão inferior. Este tipo de psicologia por vezes leva alguém a acreditar que é bastante inteligente, quando simplesmente se está a aproveitar daqueles que são mais ponderados e justos.

Para evitar qualquer mal-entendido, deve admitir-se aqui que o cidadão comum não é, de maneira alguma, um bandido desonesto. Aliás, o cidadão comum protestaria violentamente qualquer dúvida sobre a sua honestidade e decência, talvez com toda a razão. Mas o cidadão comum cede muitas vezes quando se torna moderadamente incómodo estar à altura das suas obrigações. Isto está longe de significar integridade e é difícil basear uma confiança, só que seja moderada, na garantia de que não será enganado – a não ser que a situação se complique.

Nunca subestime o alcance da sua responsabilidade profissional e compromisso pessoal.

Ao entrar no mundo dos negócios, aceitou a responsabilidade de um profissional de negócios, assim como qualquer compromisso que esteja associado a essa responsabilidade, quer seja pessoal, profissional ou empresarial. Muitos fazem de conta que se conseguem esconder por detrás do escudo do seu empregador ou departamento, ou que não têm qualquer poder, que são apenas peças de uma máquina, mesmo se, ou especialmente se, alguma coisa fica fora do controlo. Independentemente da dimensão do seu empregador, nunca se esqueça que, afinal, você contribui para as tomadas de decisão, quer os resultados sejam bons, maus ou catastróficos.

Toda esta responsabilidade e compromissos irão aliciá-lo para, mas não podem levá-lo a, inacção e indecisão. Não precisa de ficar excessivamente ansioso; está na sua posição presumivelmente porque tem ou pode de algum modo aplicar a formação, o conhecimento e a experiência de forma a identificar e a avaliar os riscos inerentes à realização do seu trabalho. Faça-o responsavelmente e minimize as contrariedades em todas as frentes. Assim sendo, estará a ajudar-se a si próprio, ao seu empregador e à sua carreira se seguir algumas orientações simples:

- Aborde todas as suas tarefas de forma sistemática, especialmente quando está a desenvolver novos produtos, processos ou equipamento.

- Identifique e aplique a perícia necessária em todas as actividades.

- Tenha consciência de quais os códigos e padrões adequados e aplique-os.

- Utilize procedimentos já estabelecidos, sempre que possível.

- Guarde registos das suas actividades e das actividades do seu departamento.

Deixe o comportamento ético orientar as suas acções e as acções da sua empresa.

Apesar das ambiguidades habituais e indecisões quotidianas dos negócios, o comportamento ético aparece naturalmente na maioria das pessoas. Os valores sociais – a base para a ética – são intrínsecos. Por outro lado, muitas vezes os problemas éticos com que nos deparamos são bastante complexos e envolvem princípios éticos contraditórios[*]. Os relatos de muitos casos conhecidos de fracassos lesivos de produtos e de desastres trágicos causados pelo ser humano provam isso mesmo.

Devia salientar-se que ter a coragem das suas convicções inclui a coragem para fazer o que sabe que está correcto, ética e moralmente, sem receio excessivo de possíveis críticas ou da necessidade de explicar as suas acções. Se as razões para as suas acções forem sólidas, não deve preocupar-se com o facto de ter de as defender a alguém; se não o forem, é melhor corrigi-las imediatamente, em vez de construir uma camuflagem elaborada.

---

[*] **N. A.** Bibliografia: Fleddermann, p.3.

Compreenda que é imprudente martirizar-se por todos os temas controversos nos quais acredita fortemente. Martin Luther King Jr. disse: "Se um homem não descobriu alguma coisa pela qual morreria, não está preparado para viver." É verdade, mas Oscar Wilde disse: "Uma coisa não é necessariamente verdade só porque um homem morreu por ela." O martírio raramente produz heróis e, no mundo dos negócios, tais heróis e mártires encontram-se frequentemente desempregados.

A chave é saber o que é eticamente correcto, tanto para si como para a sua empresa, e depois agir da forma apropriada.

O COMPORTAMENTO NO LOCAL DE TRABALHO

Tenha cuidado com o efeito que a sua aparência física tem nos outros e, por sua vez, em si.

Permissividade e código de vestuário à parte, a sua aparência tem provavelmente uma influência muito maior no modo como é visto pelos outros à sua volta do que alguma vez poderia imaginar. Três princípios básicos irão ajudá-lo nesta matéria.

1. Veja como aqueles que ocupam posições a que ambiciona se vestem e se apresentam, e siga o exemplo.

2. Vista-se adequadamente para a ocasião, qualquer que ela seja, incluindo o trabalho diário. Quando estiver com dúvidas, vestir ligeiramente roupa a mais é prudente; ter pouca roupa, pelo menos para a maioria, é insuportavelmente desconfortável.

3. Estilos e cores conservadores no vestuário, assim como uma apresentação conservadora, nunca estarão errados, pelo menos na maioria dos círculos do mundo dos negócios.

Apesar da grande variedade de aparências aceitáveis em qualquer escritório e da variedade ainda maior que pode ser encontrada na sociedade em geral, é difícil argumentar contra estes pontos do senso comum:

- A roupa, independentemente do estilo, deve estar limpa, em boas condições e deve cair bem.

- O cabelo e as unhas devem estar limpos e cuidados, mais uma vez independentemente do estilo.

- A sua boa higiene pessoal será apreciada pelos seus colegas.

- No local de trabalho, os perfumes e as águas-de-colónia devem ser usados com moderação.

- Os homens devem ter uma atenção especial aos hábitos de barbear e aparar a barba e o bigode. Os outros não conseguem evitar reparar na má manutenção, mesmo que você não repare.

É claro que todos conhecemos alguns empresários muito competentes que estão desatentos a tais detalhes. Pode ter a certeza de que a apatia deles nesta matéria foi observada pelos outros à sua volta, se não explicitamente, certamente de forma inconsciente.

De igual modo, todos conhecemos alguns "selvagens". Eles terão de aceitar qualquer que seja a consequência da sua aparência física, quer gostem ou não, e você também.

Não utilize linguagem calão no local de trabalho.

Sairá beneficiado se simplesmente evitar usar o calão ou outro tipo de linguagem grosseira. Não o utilizar nunca será ofensivo. Pelo contrário, utilizá-lo pode ser ofensivo, mesmo que não dê por isso.

A linguagem obscena e vulgar é normalmente utilizada em alguns círculos. Infelizmente, no local de trabalho profissional, tal linguagem é por vezes utilizada por causa do seu "efeito". Alguns vêem-na como um sinal de poder, força e vigor. O problema de usar uma linguagem grosseira é que o seu efeito real é apenas conhecido pelo ouvinte, que pode concluir algo bastante diferente acerca do interlocutor do que era intenção deste. De qualquer forma, a linguagem abertamente obscena não serve ninguém devidamente e o uso de uma linguagem grosseira geralmente só provoca desprezo.

Encarregue-se de aprender o que constitui assédio e discriminação – racial, étnica, sexual, religiosa – e não os tolere de modo algum em si, nos seus colegas, nos seus subordinados ou na sua empresa.

Não existe lugar no local de trabalho para assédio ou discriminação de qualquer tipo. As infracções flagrantes irão causar grandes problemas aos colaboradores e empregadores, como a maioria sabe; mas os grandes problemas podem também resultar de formas mais subtis destes comportamentos inaceitáveis. A piada apimentada e "inofensiva" e um comentário ligeiramente disparatado também podem ofender, e não são aceitáveis.

Como é óbvio, ninguém gosta do "polícia autonomeado" que está sempre atento a violações das regras ou que adverte constantemente os colegas acerca do comportamento no local de trabalho. Confrontar um colega ou subordinado em relação a estas questões deve ser algo feito discreta e delicadamente. O seu melhor procedimento, quer seja um alvo ou um observador de um presumível assédio ou discriminação, depende das circunstâncias. Poderá escolher abordar o alegado infractor directamente e de modo informal, mas qualquer castigo formal deve ser negociado em conjunto com o seu gestor, departamento de recursos humanos ou ambos.

Tenha cuidado com o que se compromete por escrito e com quem o vai ler.

Tenha atenção a quem tem acesso a cópias das suas cartas, memorandos e mensagens, de todas as formas ou meios em que são criados, especialmente quando os interesses de outros departamentos estão envolvidos.

Existe quem difunda memorandos que contêm declarações danosas ou constrangedoras. É claro que por vezes é difícil, especialmente para os novatos, reconhecer a "dinamite" em tais documentos. Mas, em geral, têm tendência para causar problemas quando revelam demasiado sobre o "território" de um colaborador ou graves falhas da parte de alguém. Se forem redigidos para serem amplamente distribuídos ou se disserem respeito a problemas relacionados com um produto ou com clientes, é melhor pedir a alguém hierarquicamente superior para os rever e aprovar antes de serem distribuídos.

Assim que tiver emitido algo por escrito, apesar dos seus melhores esforços em contrário, terá abdicado do controlo sobre a sua distribuição e vida. Para se salvaguardar, é melhor partir do princípio que os seus documentos poderão chegar a qualquer um e que existirão para sempre. Redija-os em conformidade.

Relativamente aos piores comportamentos a este respeito, os ataques verbais inapropriados podem causar danos suficientes, mas pôr tais emoções por escrito pode causar muito mais do que o suficiente. Raiva, malícia, desrespeito e troça dirigidos a alguém serão recordados em documentos escritos para sempre, o que poderá ser muito depois de desejar que já estivessem esquecidos.

Tenha atenção à utilização dos recursos da sua empresa para fins pessoais. Pode ser considerado suspeito, na melhor das hipóteses, e roubo, na pior.

A maioria já utilizou a fotocopiadora do escritório ou levou emprestado uma ferramenta para uso pessoal, e acreditamos que ninguém se importa com isso. No entanto, sempre que usa equipamento, materiais e algo que seja propriedade da sua empresa para outro fim que não tenha a ver com os negócios da empresa, arrisca-se a que desconfiem de si. Além do mais, o seu empregador tem todo o direito de investigar o seu comportamento, incluindo examinar todo o seu "território pessoal" no local de trabalho (pois não é verdadeiramente pessoal) à procura de qualquer indício de comportamento indevido.

Sem dúvida que a maioria dos colaboradores, sem transgressões óbvias a este respeito, deve estar acima de qualquer suspeita e os primeiros exemplos acima mencionados provavelmente são suficientemente inofensivos. No entanto, tendo em conta o pouco que ganhará ao apropriar-se de alguns dos recursos da sua empresa, dificilmente parece valer a pena o risco, nem que seja pela sua integridade.

A CARREIRA E O DESENVOLVIMENTO PESSOAL

Mantenha a sua empregabilidade e também a da sua equipa.

É raro alguém ter um único empregador durante toda a sua carreira e os empregadores sabem isso. Consequentemente, é absurdo esperar que os colaboradores aceitem tornar-se inúteis para outros potenciais empregadores, por mais inestimáveis que se possam ter tornado para os actuais.

Se as suas competências e conhecimentos são apenas valiosos para o seu empregador actual, está em apuros. Mais cedo ou mais tarde, por qualquer razão, o seu empregador já não irá estar interessado em comprar essas competências e não terá outro sítio onde as vender.

A obsolescência é prejudicial para os empregadores, assim como para os colaboradores. É dispendioso para os empregadores descartar os obsoletos e recrutar ou desenvolver os colaboradores que tenham as competências que os que saíram deviam ter desenvolvido desde o início. Portanto, para bem do seu empregador, também deve deixar esta situação inequivocamente transparente para os seus subordinados; depois faça tudo o que puder para aconselhá-los e apoiá-los a este respeito.

Seja partidário e defensor da aprendizagem contínua. Isto não significa uma constante formação formal – aulas na universidade, seminários, cursos de curta duração, formação patrocinada pela empresa – embora alguns destes exemplos sejam uma parte necessária de um plano de empregabilidade para toda a vida.

Também implica ter um interesse mais do que passageiro pela sua área ao ler livros sobre vendas, revistas especializadas e publicações profissionais, e estar presente em feiras e conferências profissionais. Tem de encontrar formas de se manter informado em relação a novas tecnologias na sua área, independentemente do apoio que recebe do seu empregador; e se esperar que alguém lhe proporcione a oportunidade, está simplesmente à espera da sua própria obsolescência.

Tudo isto irá exigir sacrificar algum tempo pessoal e, talvez, algum investimento monetário. Resumidamente, nem todos os empregadores aceitarão o encargo da formação contínua dos colaboradores. O esforço e dedicação exigidos para se manter empregável são do interesse de todos no mundo dos negócios.

Analise-se a si e à sua equipa.

Mesmo que não seja um estudante de Psicologia, é elucidativo compreender que as pessoas, incluindo você, se comportam de determinada maneira não porque assim querem, mas porque é assim que são. Todos encaramos e reagimos às situações, e avaliamos e decidimos de formas muito diferentes uns dos outros. Mesmo sem compreender totalmente os diferentes tipos de personalidade, reconhecer simplesmente que somos consideravelmente diferentes irá ajudá-lo a aceitar as várias personalidades como normais e a não encará-las como algo errado.

Uma das decisões mais importantes a tomar por quem está interessado na sua carreira é saber qual a responsabilidade administrativa e de gestão que deverá aceitar e quando.

Em tudo o foi dito anteriormente partiu-se do princípio de que qualquer profissional normal estará interessado em:

(a) evoluir para uma posição de maior responsabilidade, ou
(b) aperfeiçoar a eficácia pessoal no que diz respeito à quantidade e à qualidade das conquistas.

Qualquer um destes pontos deve resultar numa maior compensação monetária e satisfação retirada do trabalho. Relativamente à alínea (a), é muitas vezes aceite como verdade que uma maior responsabilidade executiva e administrativa é algo desejável e apropriado para compensar um desempenho notável em qualquer tipo de trabalho.

No entanto, deviam existir outras formas de compensar um colaborador pelas suas conquistas, pois tais recompensas poderão ser um erro se tiver em conta dois pontos de vista:

1. Por vezes ficamos surpreendidos por descobrirmos que somos muito menos felizes num emprego novo e com mais responsabilidades do que pensavam que seríamos. Não é invulgar os gestores recentemente promovidos descobrirem, para seu desalento, que já não têm tempo para fazer o trabalho que gostavam.

2. Não se pode concluir que todos os bons colaboradores serão bons gestores. Muitos profissionais de primeira linha têm sido promovidos para posições de gestão, para prejuízo de si próprios e do seu empregador.

Qualidades características dos gestores e dos colaboradores especialistas

Gestor	*Colaborador especialista*
Extrovertido	Introvertido
Cordial, afável	Reservado
Gregário, sociável	Prefere a sua própria companhia
Gosta de pessoas	Gosta de equipamento e sistemas
Vai buscar energia aos outros	Vai buscar energia dentro de si
Dominante	Modesto
Procura compreender outros pontos de vista	Procura os factores da questão
Gosta de organizar as coisas	Gosta de fazer as coisas
Interessa-se por: • Negócios • Custos • Utilização • Práticas	Interessa-se por: • Ciência, tecnologia, *know-how* • Aparelhos • Funções • Princípios
Capacidade de fazer muitas coisas	Capacidade de fazer coisas complicadas
Notabiliza-se na comunicação	Notabiliza-se na análise
Tomadas de decisão rápidas e intuitivas	Tomadas de decisão metódicas
Talento para liderança	Independente, autónomo
Impulsivo	Intelectual
Vigoroso, enérgico	Meditativo, filosófico

Estes factos devem, portanto, ser analisados com cuidado pelo profissional que está a considerar ser promovido e por quem está prestes a conceder a promoção. Nem sempre é fácil decidir antecipadamente se você, ou o colaborador em questão, seria mais feliz e mais eficaz como gestor em vez de colaborador especialista ou vice-versa. Não existe um critério infalível para avaliar esta situação, mas verifica-se que, em geral, os dois tipos se distinguem pelas características e qualidades enumeradas na tabela da página anterior.

Mas tenha atenção quando aplicar estes estereótipos. Nenhuma característica deve ser considerada melhor ou pior do que a outra, mesmo apesar de serem claramente diferentes. Embora alguns tipos de personalidade possam ter mais tendência para serem gestores durante as suas carreiras, e algumas características de personalidade possam ser mais comuns do que outras em gestores de sucesso, qualquer tipo de personalidade pode ser a de um gestor de sucesso e nenhuma característica de personalidade exclui alguém do sucesso empresarial. Todos conhecemos o gestor reservado, introspectivo ou intelectual e, no entanto, altamente eficaz.

O que implica que um gestor tenha sucesso é mais complicado do que simplesmente combinar algumas características pessoais. De facto, quem decide ser gestor pode ter sucesso ao controlar as situações e seleccionar o seu estilo de forma a conseguir o melhor uso dos seus pontos fortes e para não enfatizar os pontos fracos.

Ao tornar-se, ou na expectativa de se tornar, num gestor recém promovido, é aconselhável que procure o conhecimento e a formação necessários para ter sucesso. Acontece que muitos colaboradores, apesar de terem formação especializada, estão muito mal preparados para serem gestores.

Na verdade, ninguém que percorra com sucesso uma carreira de negócios consegue evitar completamente a gestão e a administração. Estas são partes obrigatórias na descrição de todas as funções, e um certo nível de gestão de projectos e de supervisão de outros é gratificante para todos, menos para um colaborador mais limitado. Além disso, com o passar do tempo, descobre-se que o interesse pela gestão cresce à medida que a carreira evolui.

Relativamente a uma análise de si e dos seus subordinados, um bom conselho final para todos será: faça o que faz melhor e assim também será o mais feliz.

Tente aperfeiçoar as suas melhores características e torne-as mais visíveis. É óbvio que deve tentar aperfeiçoar na sua personalidade tudo o que os outros possam considerar inferior; mas querer ser especialista, ou até perito, em algo para o qual tem pouco talento natural, é inútil. Muitas vezes é melhor minimizar os prejuízos ao tornar essas características menos boas desnecessárias para o seu trabalho ou invisíveis no seu comportamento. Analise-se e depois dê ênfase em relação ao que é positivo!

Conclusão

Estas "leis" representam apenas um elemento da fórmula global para uma carreira de sucesso.

Qualquer que seja o interesse natural que tem por estes princípios – e cada um tem o seu próprio nível – irá compensar contemplar pelo menos um pouco as "regras do jogo", para que possa desenvolver o seu próprio conjunto de princípios e práticas que o orientem durante a sua carreira profissional. Para aqueles interessados em melhorar ainda mais a sua eficácia profissional, recomenda-se o estudo de temas técnicos e profissionais; não falta material publicado nas livrarias e bibliotecas.

Por fim, deve compreender que os vários princípios aqui apresentados devem ser assiduamente aplicados e desenvolvidos na prática, se quiser que se tornem activos eficazes.

BIBLIOGRAFIA

- Adams, James L. *Conceptual Blockbusting*, Perseus Press, 1990.
- Adams, James L. *Flying Buttresses, Entropy, and O-rings, The World of an Engineer*, Harvard University Press, 1991.
- Badawy, Michael K. *Developing Managerial Skills in Engineers and Scientists: Succeeding as a Technical Manager*, John Wiley & Sons, 2ª Edição, 1995.
- Baldwin, Lionel V., e Marvin F. DeVries. "Take Care of Yourself: Stay Employable." *Manufacturing Review*, 8, 1 (Março de 1995), 78-85.
- Baron, Renee. *What Type Am I? Discover Who You Really Are*, Penguin Books, 1998.
- Borchardt, John K. *Career Management for Scientists and Engineers*, American Chemical Society, 2000.
- Buckingham, Marcus, e Curt Coffman. *First, Break All the Rules*, Simon and Schuster, 1999.
- Ferguson, Eugene S. *Engineering and the Mind's Eye*, The MIT Press, 1992.

- Fleddermann, Charles B. *Engineering Ethics*, Prentice-Hall, 1999.

- Florman, Samuel C. *The Civilized Engineer*, St. Martin's Griffin, 1987.

- Florman, Samuel C. *The Existential Pleasures of Engineering*, St. Martin's Griffin, Segunda Edição, 1994.

- Florman, Samuel C. *The Introspective Engineer*, St. Martin's Griffin, 1997.

- Glassman, Audrey. *Can I FAX a Thank-You Note?*, Berkeley Books, Nova Iorque, 1998.

- Goleman, Daniel. *Working With Emotional Intelligence*, Bantam Books, 1998.

- Gough, H. G. "The California Psychological Inventory." Capítulo sobre *Major Psychological Assessment Instruments, Volume II*, Charles S. Newmark, Ed., Allyn and Bacon, 1989.

- Gough, Harrison G. "A Managerial Potential Scale for the California Psychological Inventory," *Journal of Applied Psychology*, 69, 2, 1984, 233-240.

- Griffin, Jack. *The Unofficial Guide to Climbing the Corporate Ladder*, IDG Books Worldwide, Inc. 1999.

- Jacobs, Bruce A. *Race Manners: Navigating the Minefield Between Black and White Americans*, Arcade Publishing, 1999.

- Jain, R. K., e H. C. Triandis. *Management of Research and Development Organizations, Managing the Unmanageable*, John Wiley, & Sons, segunda edição, 1997.

- Katz, Ralph (Editor). *The Human Side of Managing Technological Innovation, A Collection of Readings*, Oxford University Press, Nova Iorque, Nova Iorque, 1997.

- Keirsey, David, e Marilyn Bates. *Please Understand Me, Character & Temperament Types*, Prometheus Nemesis Book Company, 1984.

- Keirsey, David. *Please Understand Me II: Temperament, Character, Intelligence*, Prometheus Nemesis Book Co., 1998.

- Layton, Edwin T., Jr. *The Revolt of the Engineers: Social Responsibility and the American Engineering Profession*, Case Western Reserve Press, 1971.

- McAllister, Loring W. *A Practical Guide to CPI Interpretation*, Consulting Psychologists Press, 1996.

- McGrath, Joseph. E. *Groups: Interaction and Performance*, Prentice-Hall, Englewood Cliffs, NJ, 1984.

- Myers, Isabel Briggs, e Peter B. Myers. *Gifts Differing, Understanding Personality Type*, Consulting Psychologists Press, 1980.

- Osborne, H. S. "Definition of an Executive," *Electrical Engineering*, 61, Agosto de 1942, p. 429.

- Peddy, Shirley. *The Art of Mentoring: Lead, Follow and Get Out of the Way*, Learning Connections, Janeiro, 1999.

- Pinkus, Rosa Lynn B., Larry J. Shuman, e Norman P. Hummon. *Engineering Ethics: Balancing Cost, Schedule, and Risk: Lessons Learned From the Space Shuttle*, Cambridge University Press, 1997.

- Rabbe, Willis. "Administrative Organization for a Small Manufacturing Firm." *Mechanical Engineering*, 63, 1941, 517-520.

- Project Management Institute. *A Guide to the Project Management Body of Knowledge*, edição de 1996, PMI Publishing Division, Sylva, N.C., 1996. (www.pmi.org).

- Schell, Erwin Haskell. *The Technique of Executive Action*, quinta edição, McGraw-Hill Book Company, Inc., Nova Iorque, 1942.

- Smith, E. D. *Psychology for Executives*, Harper & Brothers, Nova Iorque, 1935.

- Vargo, John F. "Professionally Speaking: Understanding Product Liability." *Mechanical Engineering*, 117, 10, 1995, 46.

NOTA: A publicação de 1944 desta obra incluía muitas referências para além destas, incluindo livros e ensaios publicados. A maioria foi omitida nesta edição por estar indisponível ou por já não se aplicar. Citações de textos específicos do original foram mantidas.